高齢者の
疾病別リハビリ体操

骨粗しょう症・関節リウマチ・パーキンソン氏病・糖尿病・脳梗塞

原田律子 編著

いかだ社

はじめに▼

私たち人間は2本の足で「歩く」ことが生活の基本ですが、今の日本においては交通機関の発達もめざましく、また食べ物も豊富で栄養摂取の過剰などにより、人間本来の活動基本である「歩く」「動く」「運動をする」時間が少なくなり、運動不足によるさまざまな病気をひきおこしやすくなってきている現状です。高血圧、糖尿病の発病に高い関連のある肥満とも共通しており、生命に危険をおよぼしてしまうほどです。

私たちの身体の機能は、動かすことによって活性化するので、手足はもちろん、血管や脳や肺などの器官も使われなければ老化していく一方です。つまり健康を保つための何よりの秘訣は、日常生活を通して、「歩く」「動く」ことをいかに心がけるかといえるでしょう。

ところが病気にかかると、とたんに身体を動かすことをしなくなります。これでは病気の回復や健康を取りもどすことに困難をきたしてしまいます。理由は、どのように身体を動かせばいいのか（どのような運動・体操がいいのか）がわからないからです。

この本は、疾病後の身体の動かし方について書いたものです。特に運動の必要な病気（骨粗しょう症・関節リウマチ・パーキンソン氏病・糖尿病・脳梗塞の5つ）について、これらの病気を患った時にどのように身体を動かせばよいのかをそれぞれの病気の状態（急性期、慢性期)に分けて解説してみました。

「身体が動かないのに」とか「動かすと痛いのに」などとおっくうに思ってはいけません。どの動きも決して無理のないものに工夫してありますから、ぜひ参考にして身体を動かしてみて下さい。病気を克服するのは努力と持続の2つなのですから。

運動は精神的な疲労やストレスの解消にも効果があります。介護なさっている方にお願いしたいのは、身体を動かすときに患者さんをリラックスさせていただきたいということです。たとえば音楽をかけながら行なうとか、お話をしながら行なってほしいのです。そうすれば、患者さんにとって楽しいひと時となり、習慣化が身に付くと思います。

私にとって、この本は『高齢者のレクリエーション&健康ゲーム』『高齢者の手あそび・指あそび&足体操』『高齢者も楽しい 車椅子でできる健康体操&レク』に続く第4冊目です。前の3冊にもまして多くの方に読まれることを望んでいます。

2005年7月
原田律子

もくじ

第3章　パーキンソン氏病のリハビリ体操

第4章　糖尿病のリハビリ体操

第5章　脳梗塞のリハビリ体操

第1章
骨粗しょう症の
リハビリ体操

[骨《こつ》粗《そ》しょう症とは]

「骨粗しょう症」とは、骨の形体に変化がないにもかかわらず骨質全体が減少した状態になることをいいます。老人や生理の終わった女性などに見られるのが特徴です。

初期症状の特徴は、背中や腰に痛みを伴うものです。脊椎に微妙な骨折をおこしますから、つぶれたりして徐々に背骨が縮んだようになります。そしてこの病気が進行していくと、軽い転倒などで骨折したりします。

ところがこうした特徴は、なにも骨粗しょう症だけに見られるものではありません。ガンの転移、骨の結核などによってもかんたんに骨が折れたりするのです。このような症状があらわれたら自分で判断せず、すぐに骨にくわしい専門医にかかるようにしましょう。

骨粗しょう症の場合、骨折しやすい部分は、手首、上腕部の付け根、大たい部の付け根、胸、腰椎などです。

高齢者にとって骨粗しょう症がたいへんなのは、悪化すると寝たきりになってしまうことです。高齢者の場合は、転倒による骨折が原因で寝たきりになる例が一番多いのです。ですから、この病気については早期発見・早期治療が何よりも必要だといえます。

✌ 介助する方へ

[改善策のポイント]

1.食事の改善につとめる。カルシウムを多く含む食品、ビタミンD、カリウムなど

2.運動をしよう。歩行運動、日光浴

3.高齢者の特性に配慮する。照明、服装、環境条件（室内、屋外）

◎日常生活での運動とは

お年寄りに限らず、人間にとって「歩く」という行動は「生きる」ことの基本で重要な運動です。

運動不足になると、新しい骨を作る力が衰え、転倒すると骨折するおそれが高くなるため、適度な運動をすることにより骨に良い刺激を与える必要があります。また、日光浴もビタミンDをふやしカルシウムの吸収をよくする効果があります。

◎高齢者の特性に配慮

視力も衰えるため、特に夜間においては室内においても足元がはっきりわかるように、照明に気をつけるとか段差などに注意しなければなりません。服装も本人にとって動きやすい（窮屈でない）ものを着たり、靴も地面に足裏全体がつくような安定のあるものなど、配慮しましょう。

リハビリ体操…1

転倒予防の足体操

体のバランスをとり、筋力をアップする体操です。毎日欠かさずにやってみましょう。

1 バランスをとる

2 1人でやってみよう

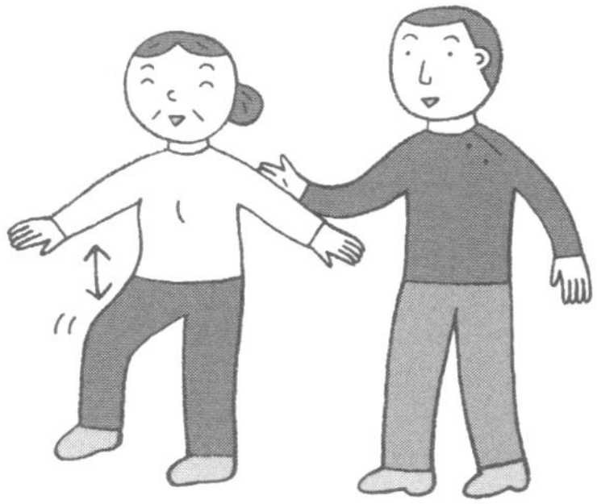

何かにつかまって立ち、ももをゆっくり上げ下げする。1～5まで数えながら上げ、6～10でゆっくり下ろす。介助者の手を借り、片足ずつ行なう(5回)。慣れてきたら１人でやってみる。

3 つま先を上げる

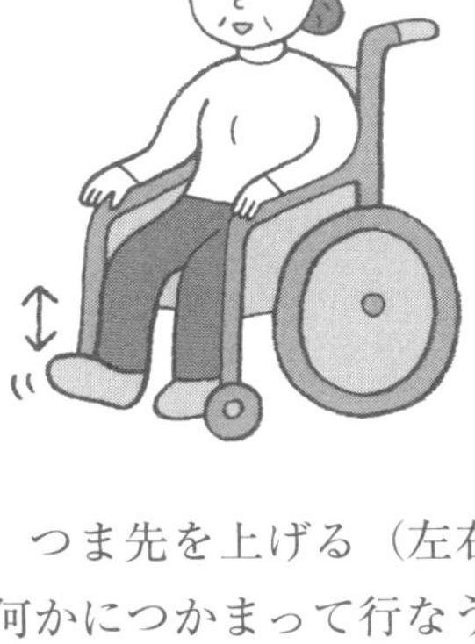

つまづき予防の運動。かかとをつけたまま、つま先を上げる（左右交互に10回）。椅子に座って行なったり、立って何かにつかまって行なう。

4 ひざを曲げる

何かにつかまって立ち、立位の姿勢から3つ数えながらゆっくり両足のひざを曲げる。また3つ数えながらゆっくり立ち上がる（伸ばす）。曲げすぎたり伸ばしすぎたりしないように注意する。

5 足を後ろに上げる

何かにつかまって立ち、片方の足を曲げないでゆっくり後ろに上げ、3つ数えてゆっくり下ろす。片方ずつ交互に行なう（10回）。無理して上げないように、自分で気持ちよく上げられるところで止める。

6 ダンベルを使って

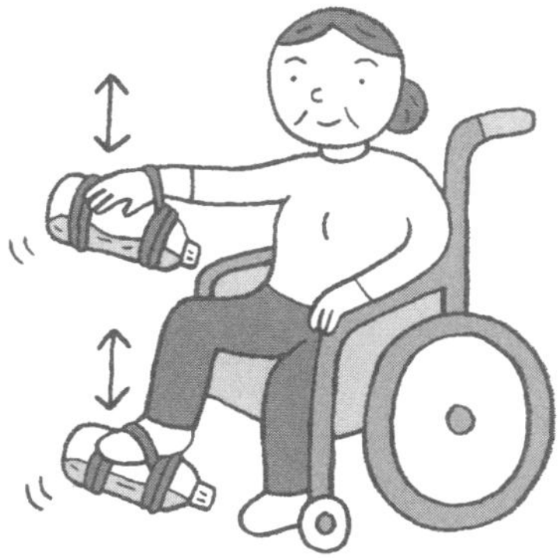

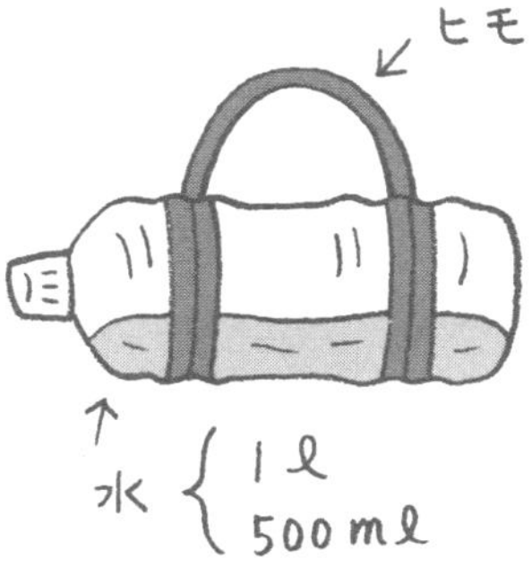

利用者（筋力）に合った水をペットボトルに入れて負荷を作り、片足の甲にかけて上下する（片方×10回）。両足にかけて、腹筋を使いながらゆっくり行なう（10回）。前かがみになりやすいので、両手は肘かけをつかむようにするとよい。片足・片腕・両足・両腕でやってみる。

7 足上げをする

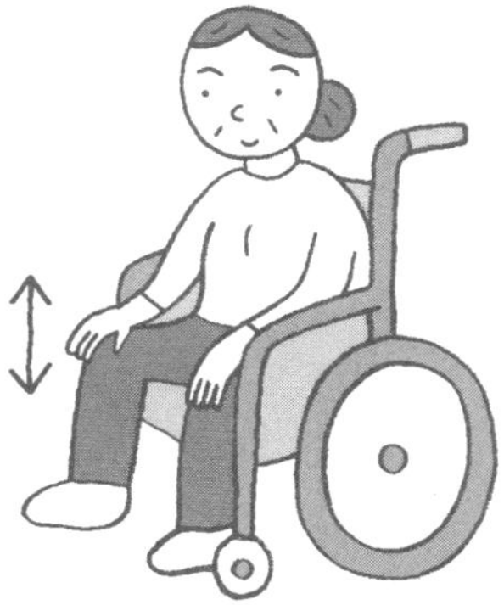

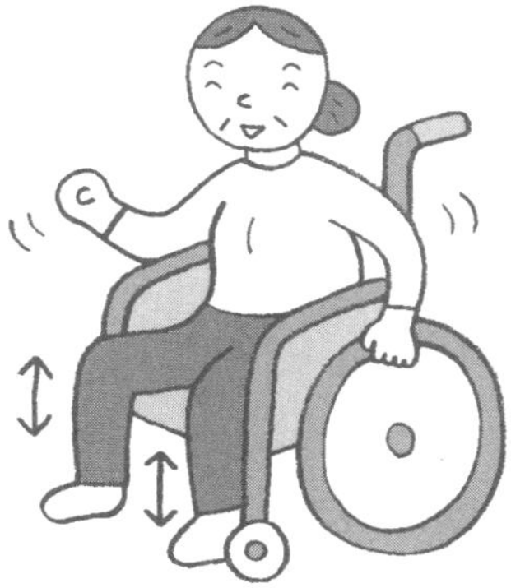

椅子に座り、片方ずつももを上げる。そしてゆっくり床に下ろす。両手は太ももの上に置いたまま行なう。次に、足上げにあわせて両腕をゆっくり大きくふってみる。痛みのある（出た）人は、途中でもやめる。

8 足をゆらす

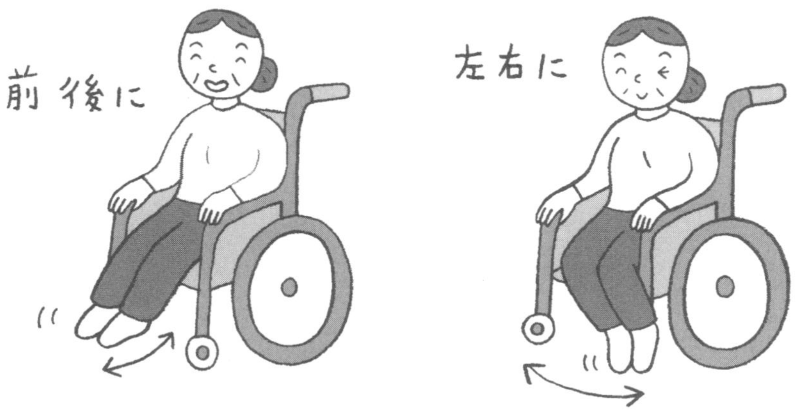

両手は椅子の肘かけをつかむ。両足をそろえて、ひざから下を前後・左右にブラブラゆする。片方ずつ交互に行なってもよい。音楽に合わせてやると効果的。

9 足の指を曲げる

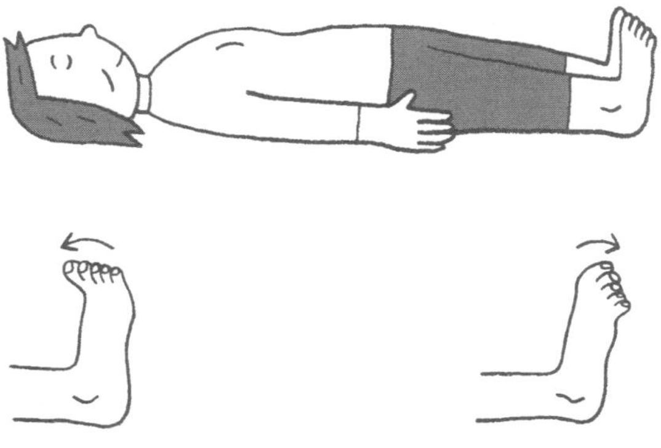

あお向けに寝て、リラックスした状態で、足の指を上方に曲げたり下方に曲げたりする。座った状態でできる人は、座ったままでもよい。リラックスしていながらも、足の指を意識して行なう。

10 足首を左右に動かす

あお向けに寝て、足を伸ばす。足首は立てたまま、両方の足首を外に曲げる。次に、足首を内に曲げる（外5回、内5回）。左右、ゆっくりと呼吸を止めないで行なう。

11 足首を上下に動かす

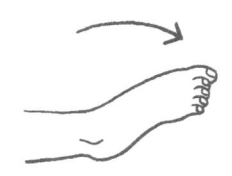

あお向けに寝て足を伸ばし、足首を上方にゆっくり曲げる（1〜3）。次に、足首をゆっくり下方に曲げる。

12 ももを引き寄せる

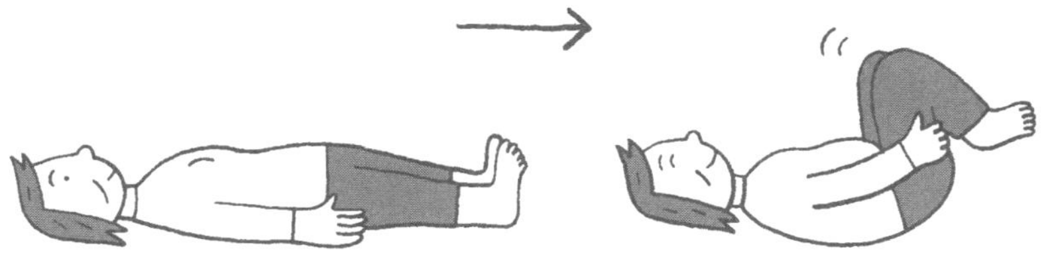

あお向けに寝て、ひざを伸ばした状態から、ゆっくり太ももを胸の方に引き寄せる。両手はひざの裏にもっていく。曲げたり伸ばしたりする。痛みがある人は休むこと。

13 大の字になる

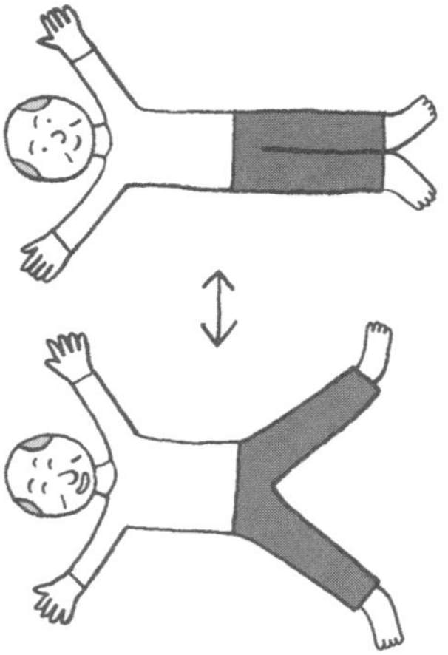

あお向けで大の字に寝て、足を開いたり閉じたりする。ゆっくりと5〜10回行なう。

14 腕立てふせをする

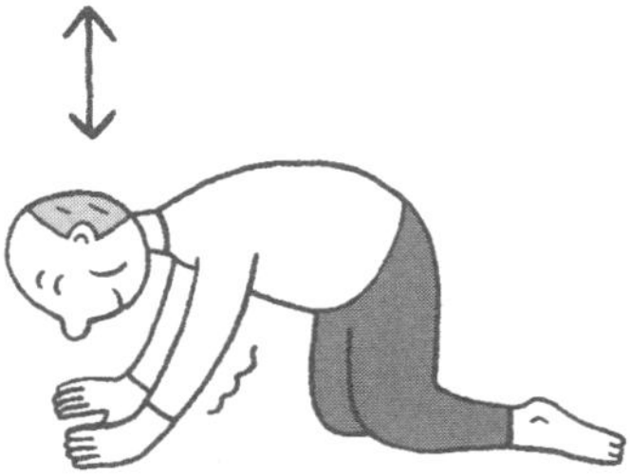

両手と両ひざをついた姿勢になる。ゆっくりとひじを曲げ、腕立てふせを5回行なう。少し休んでまた5回行なう。

15 足を後ろに伸ばす

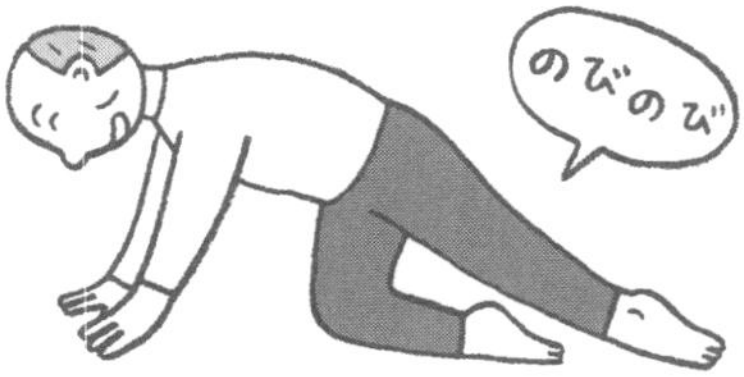

両手と両ひざをついた姿勢になり、片方の足を伸ばす。ゆっくりもとに戻し、反対の足を伸ばす。5〜10回、交互に行なう。

16 上体を伸ばす

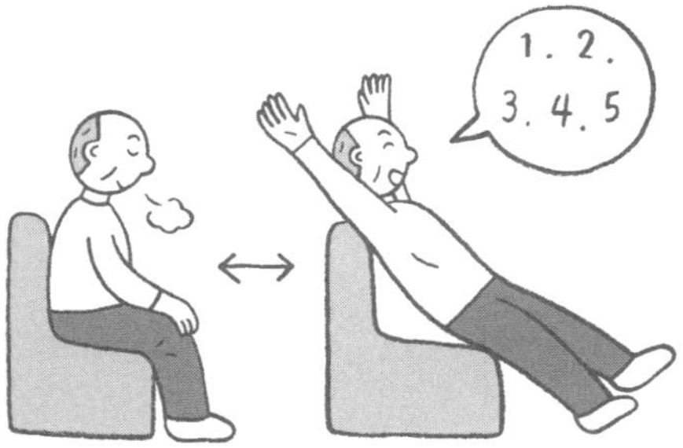

ソファなど少し柔らかな椅子に座る。手足・上体を伸ばして5つ数える。休んで、また伸ばす。5〜10回くり返す。

17 床をトントンたたく

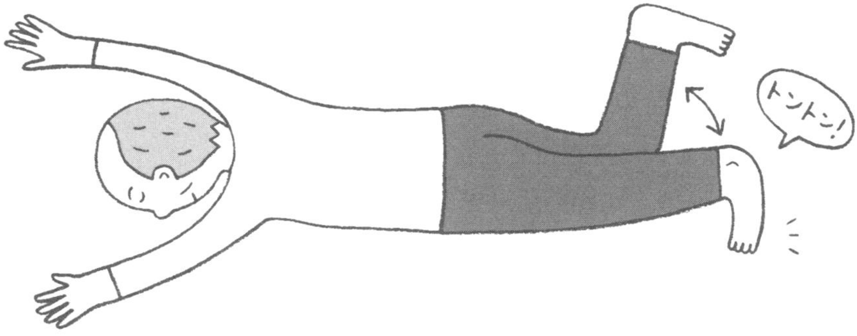

うつぶせになり、両手を大きく広げる。足はひざから下を動かし、足の指の裏側でトントンと床をたたく。左右交互に、次に両足で、5〜10回行なう。

18 腰の筋力アップ

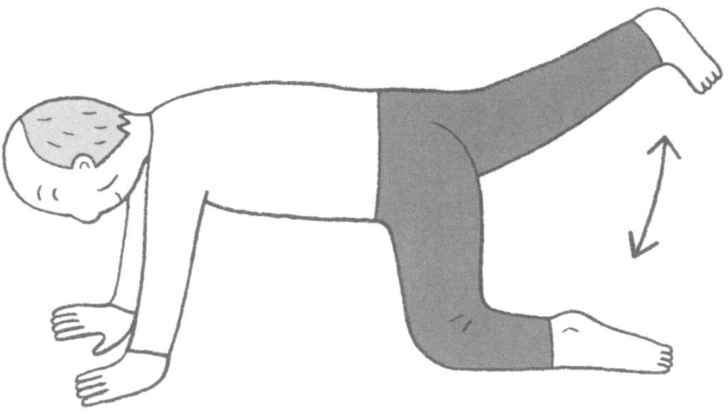

両手と両ひざをついた姿勢から、片方のひざを伸ばしながら、ゆっくり上げる。片足ずつ交互に5〜10回行なう。

リハビリ体操…2

外に出てやってみよう

天気のよい日は屋外に出て、日光浴をしながら行なうと気持ちよいものです。水分を十分にとり、座ったり休みを取り入れましょう。

1 足を開いたり閉じたり

何かにつかまって立ち、足を開いたり閉じたりする（5～10回）。

2 もも上げをする

何かにつかまって立ち、ももを上げる。歩く速さから少しずつ速くしていく（5～10回）。

3 ボールをける

2人が少し離れて向かいあい、ビーチボールをけりあう（5～10回）。

4 バレーボールをする

ビーチボールを使って、2人または3人以上でバレーボールをする（5～10回）。

5 タオルを使って

1本のタオルを両手に持ち、4つ数えながら上半身をゆっくり前に曲げる。次に、4つ数えながら後ろにゆっくり反る（4回）。

6 しゃがんでみる

足を肩幅に開いて立ち、両手をバンザイの状態にする。5つ数えながら、両手を上に上げたままゆっくりしゃがむ（5〜10回）。

7 芝生などに座って

2人が背中合わせになって腰を降ろし、ひざを立てる。お互いの腕を後ろで組み、5つ数えながら前後にゆらす。次にお互いに引きあう（5〜10回）。

8 バランスをとる

階段の一番下の段を使い、踏み台昇降のように昇ったり降りたりする（1〜10回）。腕は大きく振って。

9 ボールをける・たたく

ひもをつけたビーチボールを職員がひざの高さにつるして持つ。それを片足ずつ交互にける。次に、目の高さにつるされたボールをボクシングのように手でたたく（各5〜10回）。

10 8の字に歩く

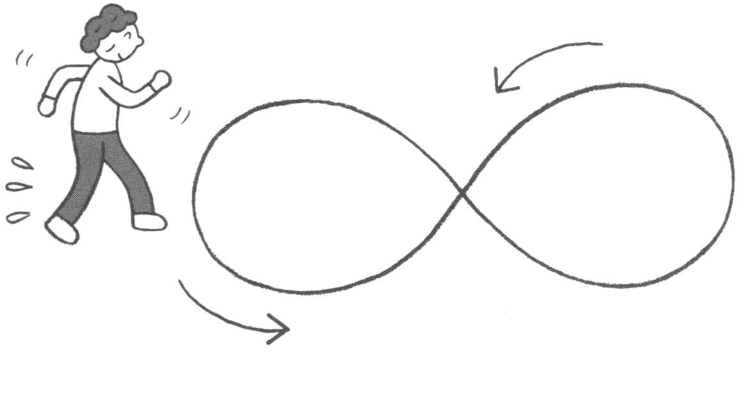

大きく腕を振って、8の字に沿って歩く。早足や、できればスキップ走でもやってみる。速度を調節しながら行なう。

レクリエーション…1

ハンカチ落とし

立ったり座ったり歩いたり。BGMを流しながら、あわてずゆっくりやりましょう。

［用意するもの］

●タオル（大判のハンカチ）

［人数］7、8人くらい

［やり方］

ハンカチを持った人が、座っている仲間の後ろを歩く。歩きながら途中で誰かの肩の上にそっとハンカチを置く。置かれた人はゆっくり立ち上がって歩き、また別の人の肩にハンカチを置く。ハンカチを置いた人は空いた場所に座る。車椅子の場合はアームレストにハンカチを置く。

ねらい・ポイント

●緊張感を味わう。

●下肢の筋肉の強化になります。

●杖を用意してもよい。

レクリエーション…2

2人でなかよくどこまでも

2人1組になり、ビーチボールをけりながら旗を回ってスタート地点に戻ってくるゲームです。

［用意するもの］

●ビーチボール（各チーム1個）
●旗（各チーム1本）
●新聞紙（3～5枚）

［人数］

2人1組で数チームつくる。

［やり方］

2人1組になり、1人ずつボールをけってパスしながら旗を回って戻ってくる。途中から手で投げてもよしとする。車椅子で参加する人は、新聞紙でステッキを作り、それを使ってボールを転がしていく。旗までの距離は、参加者の体力やフロアの広さに応じて調節する。

ねらい・ポイント

●無理をせず、焦って転ばないように気をつけましょう。
●立っているのが辛くなったら車椅子にのりましょう。
●ボールをけりやすい服装・靴を身につけましょう。
●つま先か足の甲でけるようにします。
●ボールが遠くに転がっていったら、職員がとってあげてください。
●周りの人はみんなで声を出して応援しましょう。
●水分補給も忘れずに。

新聞紙のステッキの作り方

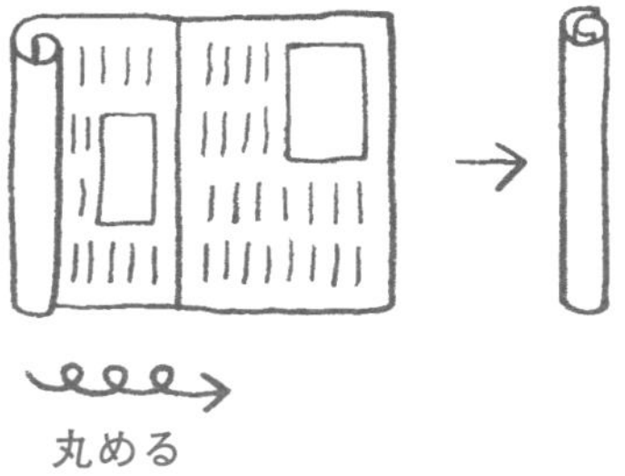

レクリエーション…3

私たちの息はピッタリよ

P.20のレクの別バージョン。2人で協力しながらステッキでボールを転がし、旗を回ってスタートまで戻ってくるゲームです。

[用意するもの]

●新聞紙のステッキ（各チーム1本）

●ゴムボール（中、大）またはビーチボール（各チーム1個）

[人数] 2人1組で数チームつくる。

[やり方] 2人1組になり、それぞれ新聞紙で作ったステッキを持つ。ステッキを使ってボールを転がし、旗を回って戻ってくる。パスしながら進んでもいいし、一緒に転がしても楽しい。

ねらい・ポイント

●転倒しないよう、足元に注意しましょう。

●全力を使って（出して）動き、特に足全体・肩・腕・手首を使うことにより、筋力が強化されます。

●みんなで応援しましょう。

レクリエーション…4

ミニレク各種

バドミントン

2人がラケットを持って向かいあい、ラケットでボールを打ちあう。椅子を用意しておき、疲れたら座ってやるようにする。

後ろの方どうぞ

縦1列になって座る。ボールを右横から後ろの人に渡す。次の人は左横から、と交互に渡していく。ボールの他に、タオル・ぬいぐるみ・枕など何でもよい。早く最後尾まで行ったチームの勝ち。チーム対抗でやっても楽しい。肩と腕の運動なので、無理はしないように。

リンゴをむきましょう

「はじめ」の合図で各チーム1人目がリンゴの皮をむいていく。むき終わったら次の人と交代し、時間内に何個むけたかを競いあう。
ナイフの扱いには注意を。集中力を養い、手指と手首の運動になります。

第2章
関節リウマチのリハビリ体操

［関節リウマチとは］

慢性関節リウマチは、全身のいたるところの関節の動きが悪くなって炎症がおこり、はれて痛みが生じる病気です。

男性に比べて女性がかかる率が高く、男性の3倍もの数に上っています。そして30代〜50代の働きざかりに発病するのが特徴です。風邪などの症状の後に、関節がこわばるなどして発症する場合もあるようです。

この病気は、短期的な痛みや炎症を抑えるだけでなく、関節の破壊を食い止めて疾患部位の機能の保持を心がけることが必要です。それだけにリハビリテーションの欠かせない病気といえるでしょう。

介助する方へ

[体操のポイント]

1.毎日、こまめに体を動かしましょう。

(熱があったりはれたりした時などは、薬での治療と安静が必要です。しかし、痛みだけの時は頑張って動かしておかないと関節が固くなったり変形してしまいます)

2.自分（自力）で体を動かしましょう。

特に、手首の運動、手指・足首の運動などは自分で行なって、少し痛みを感じるぐらいに負荷をかけましょう。

(楽にできるようでは筋力のアップにはならないので、意識的に筋収縮を行ないましょう)

◎体操の前にチェックをしよう

1.メディカルチェックをしましょう。

2.食事はきちんととれているのかきいてみましょう。

(3食きちんとバランスよく食べているのか)

3.その日の心理状態をよく見きわめることが大事です。

(本人の気持ちをよく考えてあげましょう)

◎介助のポイント

1.朝、起床時に手指の関節がはれ、こわばりがあり動かしにくいかどうか。そのこわばりの時間はどれくらい続くのか。

2.手足のどこの関節がいちばん痛むのか（昨日と違うところなど)。

3.常に体を動かすような運動（体操）を計画的に行なっているかどうか。

リハビリ体操…1

手・手首・ひじ・腕の運動

ゆっくりと、体の状態を確かめながら毎日行ないましょう。今以上の痛みや発熱を感じたらやめ、疲れが翌日に残らないように。

1 指の曲げ伸ばし 1

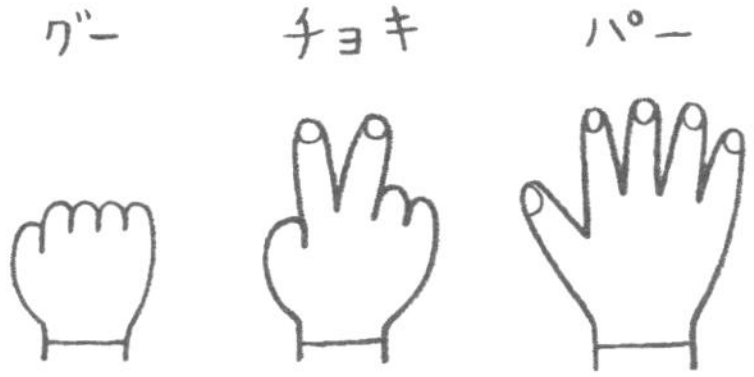

ゆっくりと、「グー、チョキ、パー」と声を出しながら手を動かす。片手ずつ行ない、右→左→右→左と交互に続ける。

2 指の曲げ伸ばし 2

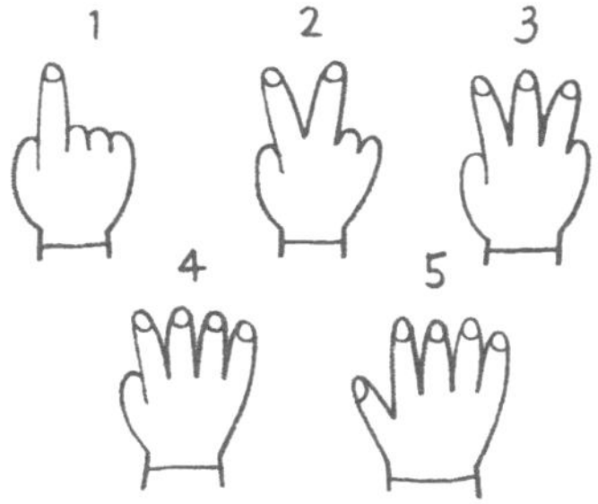

数を数えながら指を動かしていく。「イチ・ニ・サン…」と声を出しながら行なう。

3 ボールを握る

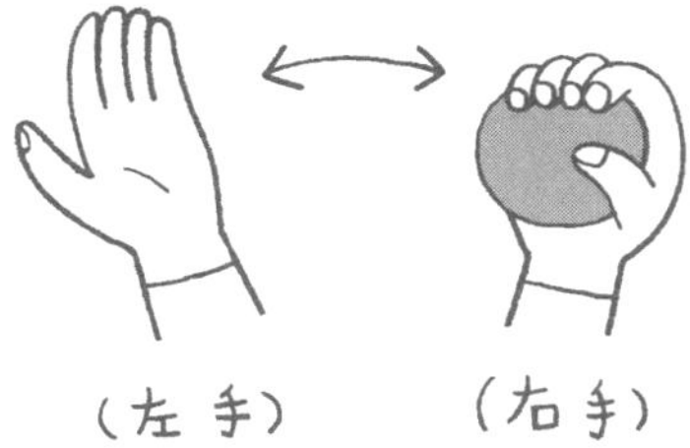

右手でボールを強く握り、5つ数える。次に左手で強く握って、5つ数える。10回ずつ行なう。

4 タオルを投げる

向かいあい、右手でタオルを持ち、上からポーンと投げて相手に渡す(相手の手やひざの上など)。もらったら、同じようにくり返す。

5 ラップの芯を使って

①ラップの芯を右手で持ち、少し浮かすようにしながら5回握る。次に左手も同じように行なう。
②右手で芯を持ち、左腕の肩から手のひらにかけて軽くたたいていく。左右交互に行なう。
③右手で芯を持ち、左手の腕を上からさする（左右交互に行なう）。

6 指先を合わせる

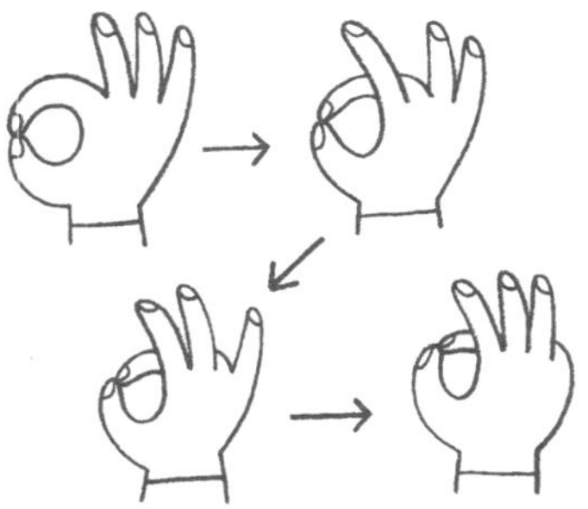

親指に人さし指・中指・くすり指・小指を順番につけていく。片手ずつでもいいし両方一緒でもよい。

7 手を前に伸ばす 1

右手は前に伸ばし、左手は胸の前に引き寄せる。この時、手はパーにする。交互に10回行なう。

8 手を前に伸ばす 2

前に伸ばした手はパーにし、胸に引き寄せた手はグー（握る）。交互に10回行なう。

9 手を上に伸ばす

右手をまっすぐ上にあげ、伸ばす。右手はパー、左手は胸の前に引き寄せグー（握る）。交互に10回行なう。

10 タオルを使って 1

両手でタオルの端を持って、頭上にあげる。腰を伸ばして足ぶみをする。10数えて腕を下ろす。足ぶみだけ10回行なう。また両手を上にあげる。10回行なう。

11 タオルを使って 2

タオルを両手で持って上にあげる。胸を反らすように背部を伸ばしながら大きく深呼吸を1回して、両腕を下ろす。また上にあげ、同様に行なう（5回）。

リハビリ体操…2

脚・下肢・足首の運動

ゆっくりと、体の状態を確かめながら毎日行ないましょう。今以上の痛みや発熱を感じたらやめ、疲れが翌日に残らないように。

1 ひざの曲げ伸ばし

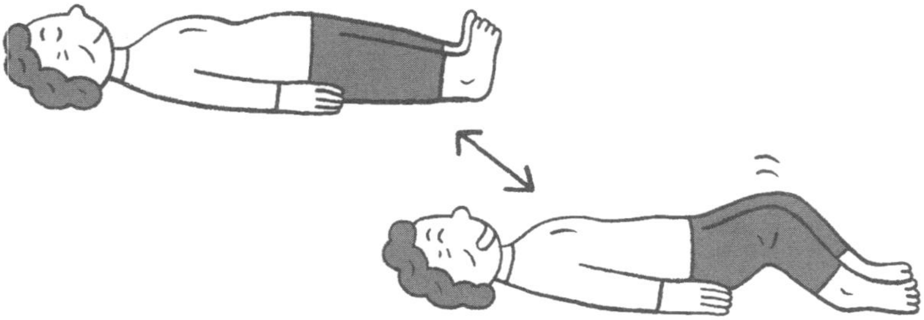

あお向けに寝て両足を伸ばす。5つ数えながらゆっくりひざを曲げる。次に5つ数えながら伸ばす。曲げ伸ばしをくり返し行なう。

2 足首を上下に動かす

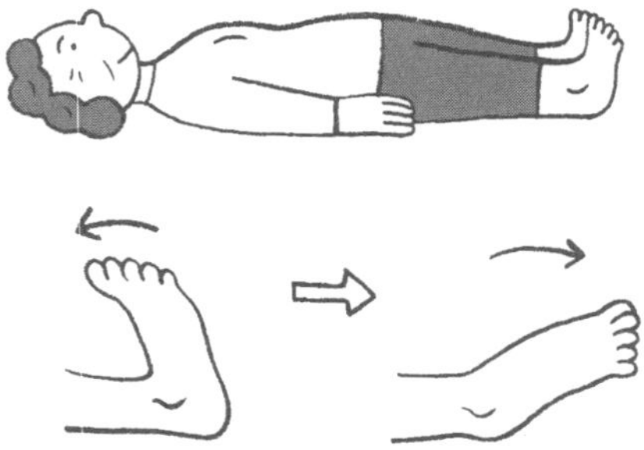

あお向けに寝て、5つ数えながら両足首を上方に曲げる。次に5つ数えながら下方に曲げる。

3 ももを上下に動かす

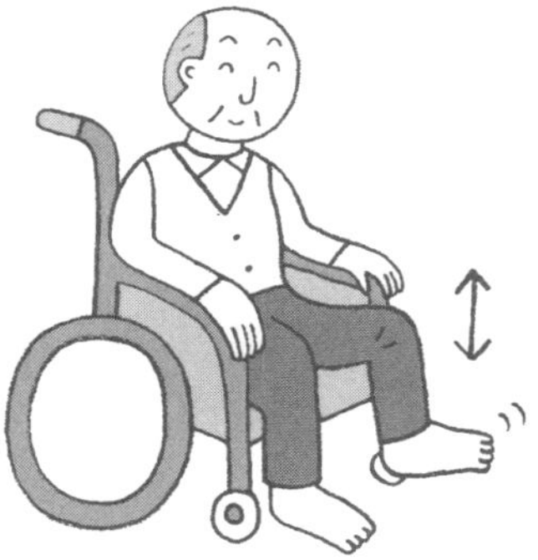

椅子に座り、両手は肘かけをつかんで、片方ずつ行なう。左足をまっすぐ上にあげて下ろす。次に右足を行なう（5回ずつ）。

4 ラップの芯を使って 1

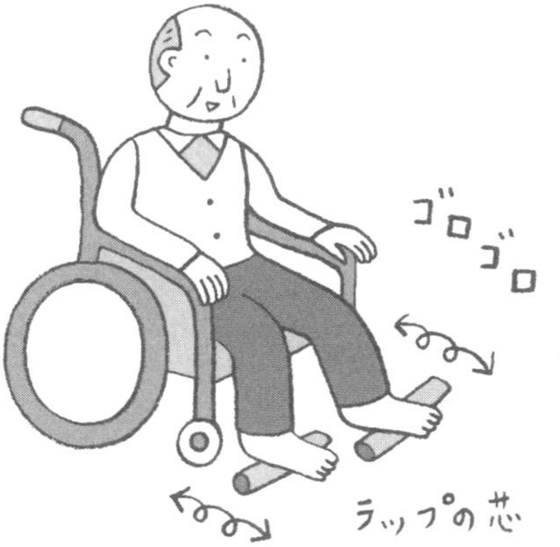

両足裏の下にラップの芯を置き、ゴロゴロ動かす。右足と左足を歩くように交互にやってみたり、両足一緒に動かしてみる。

5 ラップの芯を使って 2

芯を右足と左足の間でゴロゴロ動かす（足の指を使うようにして、右足から左足に渡す）。

6 指でティッシュをつまむ

箱の中から1枚ずつ指先でティッシュを引っぱり出してみる。片方ずつ行なう。

7 指でビー玉を扱う

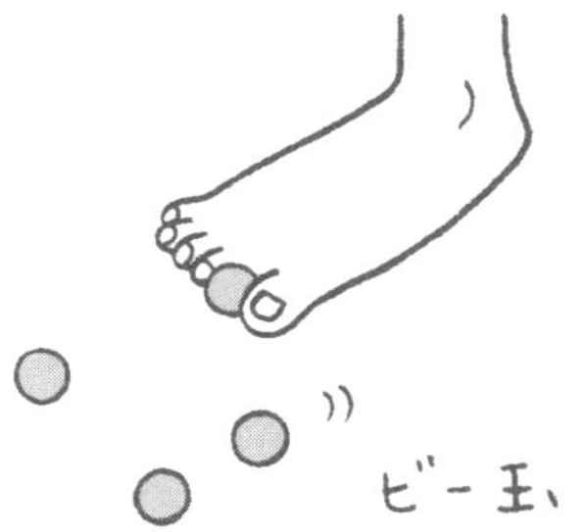

指の間にビー玉をはさんでみたり、1個ずつ指先でつまんでみる。足裏に置いてゴロゴロさせる。

8 指で字を書く

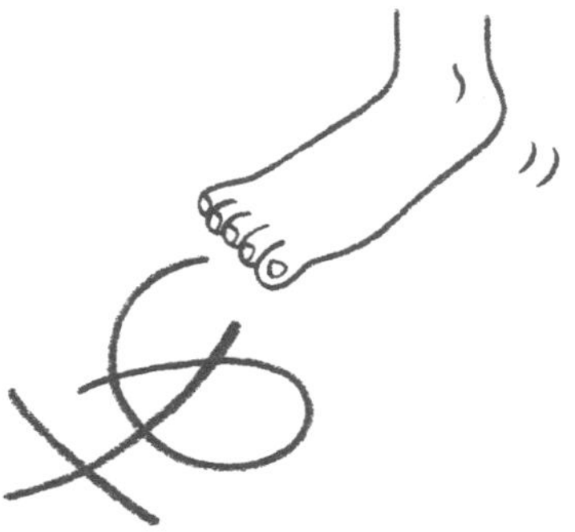

かかとをあげたまま、指でいろんな字を書いてみる。ひらがな・カタカナ・漢字など、左右交互に行なう。

9 両足をそろえて動かす

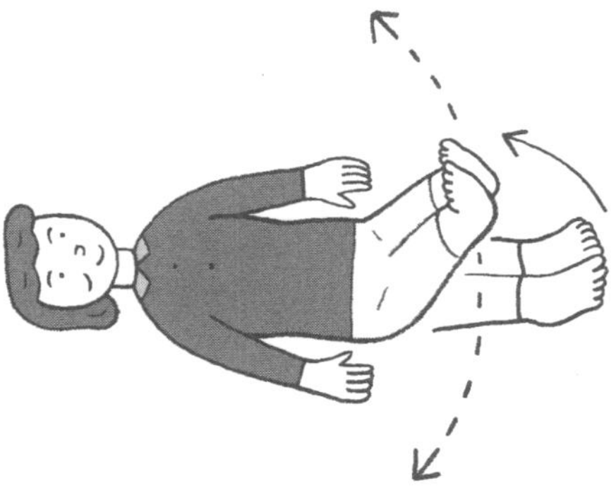

あお向けに寝て、両手は床に置く。両足をあげ、5つ数えながら右横に倒す。一呼吸おいてまた両足をあげ、左横に倒す。10回くり返す。

10 足先を動かす

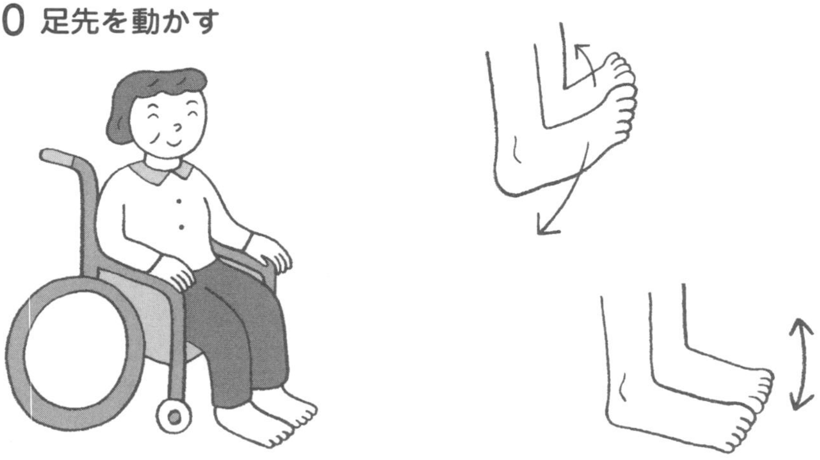

椅子に座り、両足のかかとはつけたまま、なるべく足の裏を床から浮かせて足首を左右に動かす。次に、かかとをつけたまま足先を上げたり下げたり上下運動を行なう（各10回）。

リハビリ体操…3

肩・上肢の運動

ゆっくりと、体の状態を確かめながら毎日行ないましょう。今以上の痛みや発熱を感じたらやめ、疲れが翌日に残らないように。

1 両手を組んで腕を伸ばす

両手を組んで反らし、前に突き出すように伸ばす。次に両手を後ろで組んで反らし、後ろに押し出すように伸ばす（各5回）。

2 両手を組んで上下運動

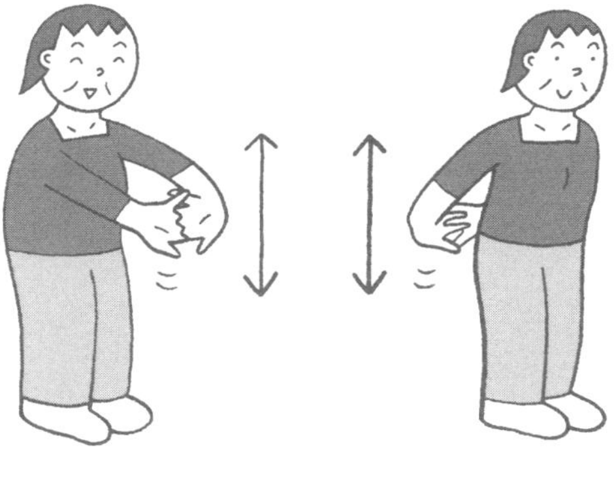

両手を組んで反らしたまま前に伸ばし、上下運動を行なう。次に後ろで両手を組んで伸ばし、上下運動を行なう。胸を反らすように（各5回）。

3 肩を動かす

左右の肩を上げたり下げたりする。両手は下げたままでよい。次に肩回しを行なう（外回し・内回し）。片方ずつ、続けて両肩一緒にやってみる。

4 上体を反らす

少し上体を前に倒して手を交差し、両手をバンザイするようにあげ、上体を反らす（胸を前に出すように）。

5 バンザイヒラヒラ

「1・2」で手を肩に置き、「3・4」でバンザイをする。バンザイしたら手首・手指をヒラヒラさせる（5〜10回）。静かに下ろし、もう1度くり返す。

6 腕を回す

片方ずつ腕を肩から大きく回す（外回し・内回し）。それぞれ5回ずつ行なう。

7 腕を振る

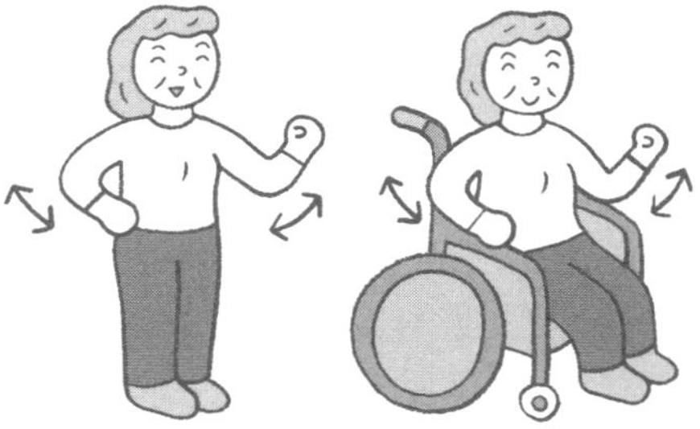

はじめは歩いているように腕を振り、だんだん走っているように早く腕を振ってみる。

8 上半身を回す

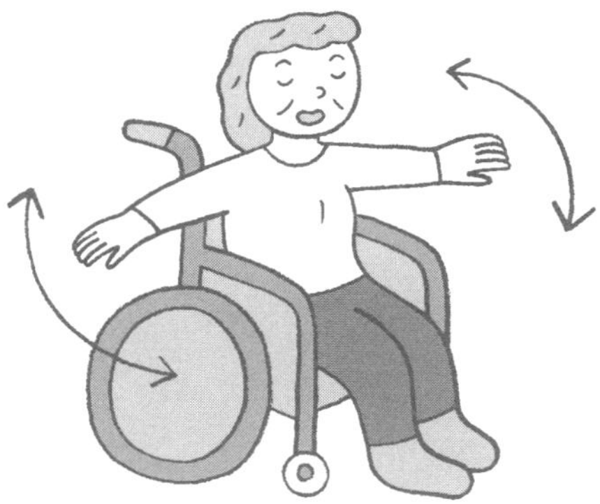

上半身を左右に回す。両腕も同じ方向に伸ばす（各5回）。

9 上体を倒す

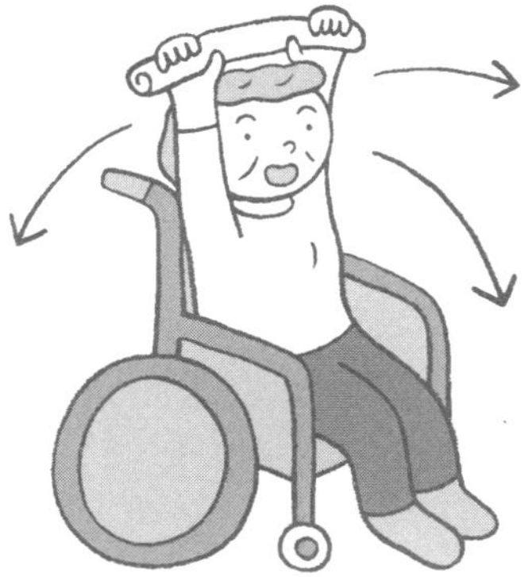

タオルを肩幅に持ってバンザイし、左右に倒す。また、上体を横に向けたり前に曲げたりしてみる。

リハビリ体操…4

水治療法（お風呂・温水プール）

体を温めることは、リウマチの方にとって必要な療法です。お風呂なら家庭で手軽にできますので、毎日でも行ないましょう。

お風呂や温水プールなどを利用した水中での運動の効果について

1.リウマチの痛みをやわらげる（浮力を利用して運動することで負担が軽くなり、関節を痛めることが少なくなる）。
2.痛みが軽くなるので、普通に近い状態の運動ができる。今まで動かしにくかったところ（関節）も動かせるようになるため、血液の流れがよくなり、こわばった感覚も少し緩んでくる。血液の流れがよくなり、筋肉や腱・関節の近くの組織などの酸素不足が解消される。
3.自分で運動の強弱をつけられるので、体調に合った負荷・抵抗が得られ、関節に負担がかかることなく「力いっぱい」の訓練ができる。
4.リラックスできて、精神的にも効果は大きい（自分の体の動きに希望が持て、自信と活気をとりもどせる）。

[注意点]

●炎症がひどく、はれや痛みがはげしい時はやめましょう。
●全身浴は、医師の指示に従いましょう（身体に疲れが出たりするため）。

1 プールで歩く

大きく腕を振り、ももをあげて、水をけるようにして歩く。また、ももをあまりあげないで、早く歩いてみる（自分で足に対する負荷を調節しながらやってみる）。

2 お風呂で足を動かす

小きざみに歩いたり、その場で足ぶみをしてみる。また、お風呂のふちに両手をかけ、立ったり座ったりする。お風呂用椅子を浴そうの中に置いて座ってもよい（関節に負担がかからないようにする）。

3 お風呂での運動いろいろ

座って、両足を伸ばす。①両手をお風呂のふちにかけ、お尻の右・左に体重をかける。②両足をバタバタさせる。③両腕を左右にゆらゆらゆらす。④両手を握ったり開いたりする。⑤お尻とかかとを使って少しずつ前に進む（せまい時は、かかとは動かさずにお尻で動いて、足を屈曲させる）。⑥ひざを交互に曲げ伸ばしする。全体で20分ぐらいがよい。

4 プールでバタ足

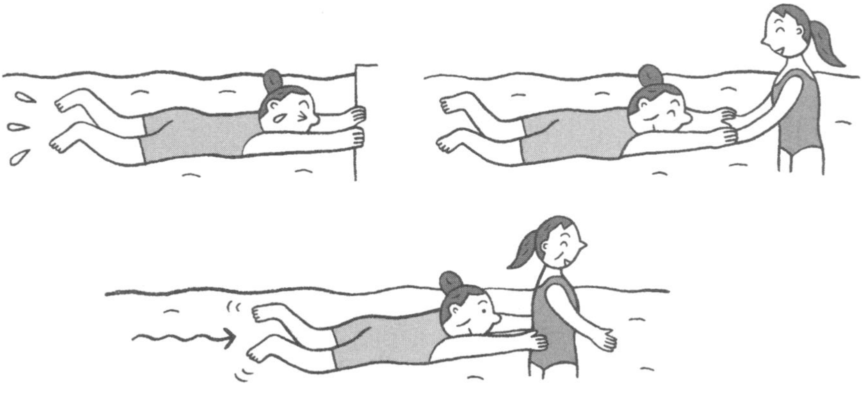

プールサイドにつかまり、バタ足するように足をゆらす。介助者に両手をつかんでもらってやってみる。また、介助者の背中や腰につかまり、足をバタバタさせながら進んでみる。

5 浮き輪をつけて泳ぐ

浮き輪を使って、手足を自由に動かしながら泳いでみる。20分間ぐらいでやめる。

6 ヒモを伝って歩く

プールサイドから5mぐらいのヒモ（ロープ）をプールに投げてもらい、そのヒモを伝って（たぐりよせるように）前に進む。

レクリエーション…1

たまにはゴルフでもいかが？

グループで協力して楽しむミニゴルフゲーム。天気の良い日は公園、庭、広場など屋外に出てやってみましょう。

［用意するもの］

●ソフトフライングディスク（スポーツ用品店・玩具店などで購入できる）なければお手玉や輪投げ用の輪でもよい

●カラーテープ

●ゴールに立てる旗

［人数］

4人で1グループとする

［やり方］

図のようにゴールを置き、スタートラインを引く。4人で投げる順番を決め、1人ずつフライングディスクを投げる。1投目・2投目と、交代で進めていく。何投目でゴールできるかを競い、回数の少ないグループの勝ち。

ねらい・ポイント

●協力して投げることにより、協調性が養える。

●手が不自由な人もいるので、無理をしないように。

●4人で考えながら投げていく（何回でゴールに届くか）。

●「パー6・7・8」とか、参加者に応じて決めるとおもしろい。

●ゴールまでの距離は参加者の体力やスペースに応じて調節する。

レクリエーション…2

遠くへとばそう

ねらった点数の上に上手にボールを止められるでしょうか。よーくねらって、新聞紙の穴をうまく通り抜けさせましょう。

［用意するもの］

●新聞紙
●カラーテープ
●テニス用ボール（少し重め）
またはゴムボール

［人数］

何人でもよい

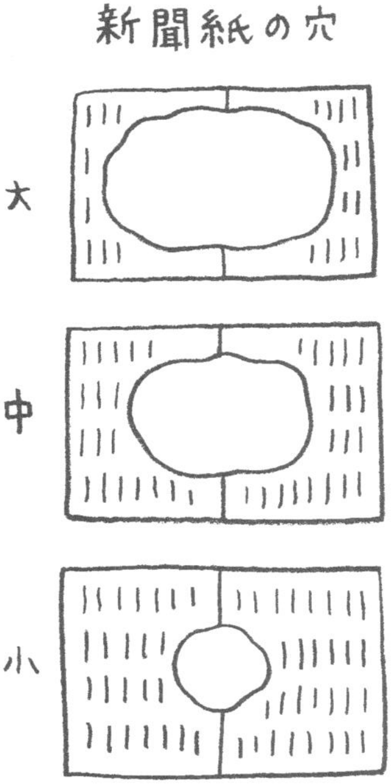

［やり方］

図のように床に的をつくり、スタートラインを引く。ボールを持ち、新聞紙の穴の向こうに見える三角形をめがけて投げる。新聞紙は職員が持つ（1人でも持てる）。上手になってきたら、新聞紙の穴の大きさをいろいろ変えてみてもよい。いちばん多く点数をとった人の勝ち。賞品などを用意しても楽しい。

ねらい・ポイント

●腕や手指の関節を十分に使うことにより適度な負荷がかかるため、筋力アップの効果がある。
●少し重めのボールを使用することで筋肉を力いっぱい収縮させることができる。
●参加者の体力に応じて、スタート地点からの距離を調整する。

第3章
パーキンソン氏病のリハビリ体操

[パーキンソン氏病とは]

パーキンソン氏病は、脳神経の一部がバランスを崩し、伝達がうまくいかないためにおこる病気です。

人間の脳ではドーパミンという物質が作られていて、これが線条体という部分に送りこまれ、アセチルコリンという物質と共同して口や手や足などの各器官に命令を伝達します。ところが、このドーパミンを作る黒質の神経細胞が減り、十分なドーパミンを作れなくなると、筋肉や身体の動きが遅くなったり正常に動けなくなったりします。この症状をパーキンソン氏病といいます。

症状の特徴は、自分の意思に関係なく手足の震えがみられる運動障害です。歩き方が小さく小きざみになり、姿勢も前かがみになるためバランスがとりにくく、転倒しやすくなります。顔の表情も無表情になり、口の周囲がこわばって声も小さく聞きとりにくくなります。

治療の方法は薬物治療、手術、食餌療法、生活療法がありますが、この章では生活療法としてのリハビリ体操について書いておきます。

介助する方へ

[体操のポイント]

1.全身を使い、ゆっくりとした動きで左右に動いてみましょう。
2.身体のバランスがとりにくいので、重心移動の体操を取り入れましょう（滑ったり転んだりしないように気をつけます）。
3.身体の回旋や手指を使った動きを多く取り入れましょう。
4.口の周りの筋肉や顔の筋肉をしっかり動かしてみましょう。
5.音楽を聴いて歌ったり、かんたんな楽器を使ってたたいたりしてみましょう。
6.すり足歩行を改善できるように、足腰をきたえましょう。

◎体操の前にチェックをしよう

1.メディカルチェックをしましょう（薬の作用によって体調の変化が多いため）。
2.身体の動き具合はどうでしょうか。
3.熟睡でき、朝、気分よく起きることができたでしょうか。
顔の表情だけでは様子がわかりにくいので、本人とよく話をして状態をつかみましょう。

◎介助のポイント

1.転ばないように注意しましょう。
2.話しかけながら身体の調子などを観察しましょう。
3.顔を見ながら、声かけをしましょう。
4.回数は体調に合わせて決めましょう。
5.痛みがおこる前にやめましょう。
6.背中が丸くならないようにしましょう。

リハビリ体操…1

上肢の運動

身体の状態を確かめながら、ゆっくりでもよいので毎日行ないましょう。回数はあくまでも目安です。

1 上半身を左右に向ける

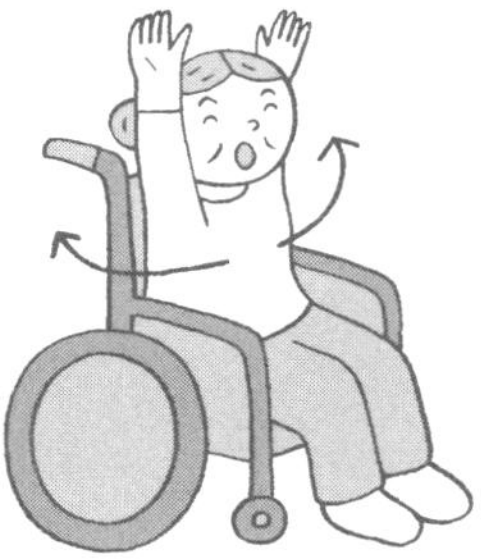

両手を上にあげる。上半身を右に向けて5つ数えたら前を向き、左へ向けて5つ数える。くり返す。

2 手を伸ばす

右手は上にあげ、左手は横に伸ばす。5つ数えたら逆に行なう。左右交互にくり返す。

3 タオルをグルグル

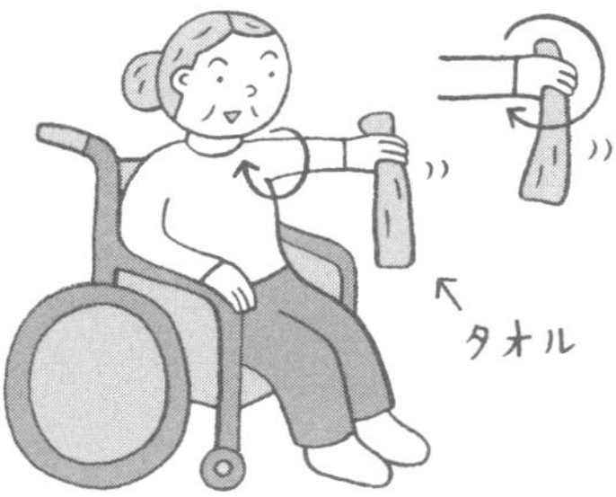

片手にタオルの端を持ち、手首を使ってグルグル回す。次に、肩から大きく腕を回す。片方ずつ交互にくり返す。

4 タオルでゴシゴシ

腰の後ろにタオルを回して、両手でタオルの端を持つ。お互いに引っぱりあいゴシゴシしてみる。

5 手の上げ下ろし

「1」で肩、「2」で頭上、「3」で肩、「4」で手を下げる。これをワンセットとして、左右4回ずつくり返す。

6 体を傾け、ももをたたく

「1・2」で左手は腰に当て、右手は少し曲げて上にあげ、やや左に体を傾ける。「3・4」で両手を下ろして太ももをたたく。これをワンセットとして、左右くり返して行なう。

7 手をたたく

両腕を頭上にあげ、パチパチと拍手する（1～10回）。次に、両腕を後ろに回して、腰の後ろで手をたたく（5回）。肩の痛い時はやめる。

8 手を握って引っぱりあう

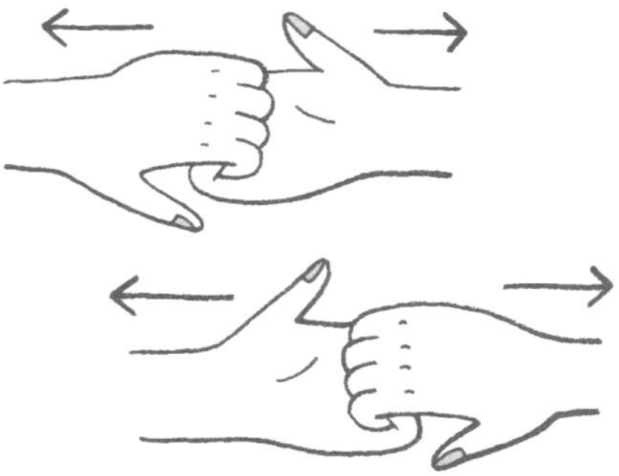

両手を握り、少し左右に引っぱる。手の向きを変えて交互にやってみる。

9 体側を伸ばす

両足は肩幅に開く。両腕を上にあげ、伸ばして片方の手首をつかむ。つかんだ手首をゆっくり引きながら、体を横に傾けて体側を伸ばす。

10 胸を反らす

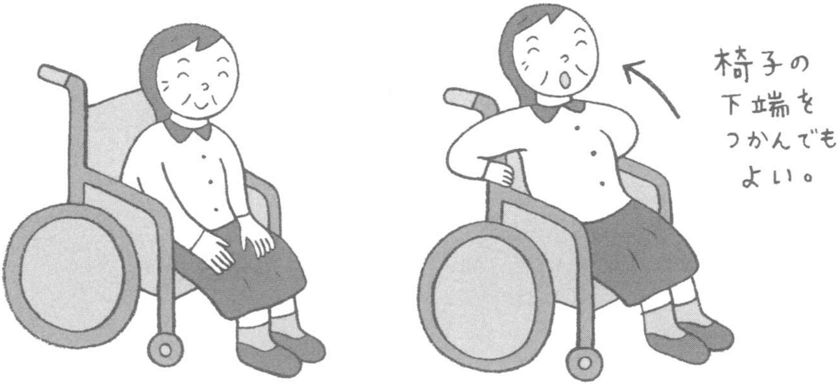

椅子に少し浅く腰かける。両手を後ろに回して椅子の背をつかみ、胸を反らす（10数える）。くり返す。

リハビリ体操…2

下肢の運動(全身)

腰をなるべく伸ばしましょう。音楽をかけながらゆっくり行なうのもいいですね。

1 足裏で床をたたく

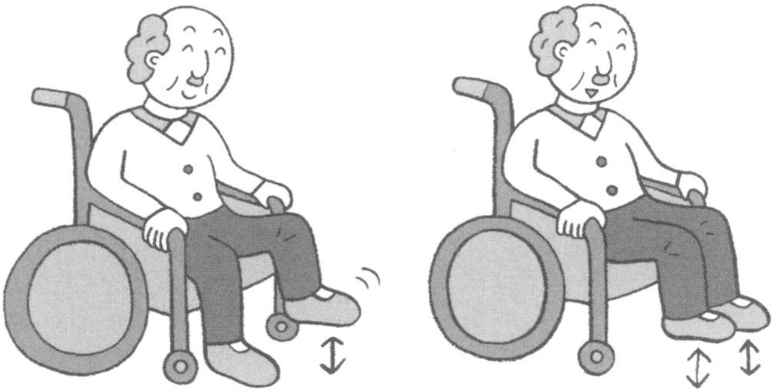

座ったまま片方のももを高く上げ、足裏で床を強くたたく(10回)。左右交互に行なう。次に、両手で椅子の端をつかみ、両足で床をドンドンたたく。はじめはゆっくりと、少しずつ早くしていく。

2 足を前にけり出す

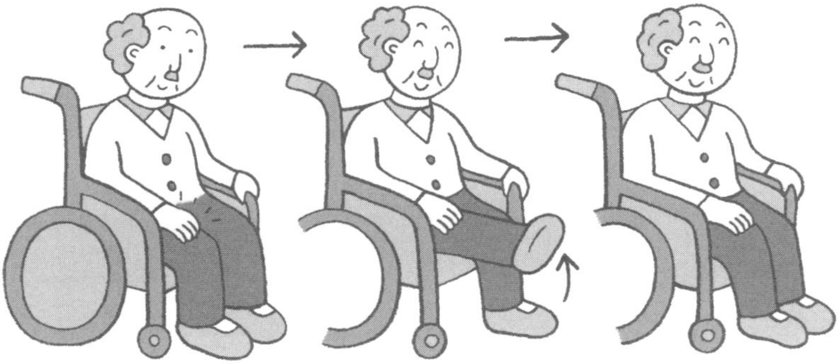

右手で右の太ももをたたいたら、ひざから下を前にけり出してもどす。左右交互に行なう。

3 あお向けでゴロゴロ

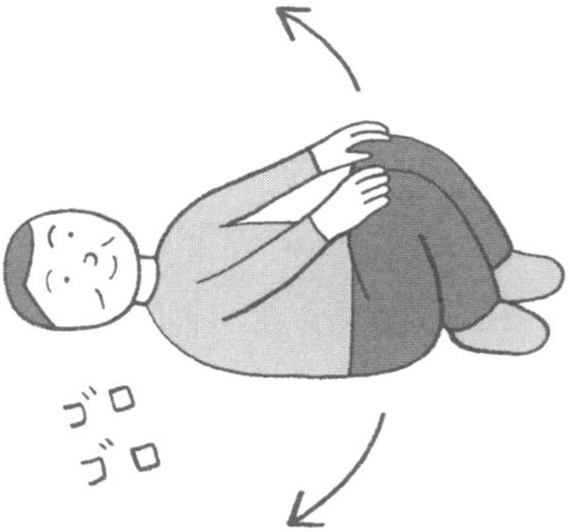

あお向けになってひざを曲げる。両手でひざを抱えてゴロゴロする。

4 あお向けでバタバタ

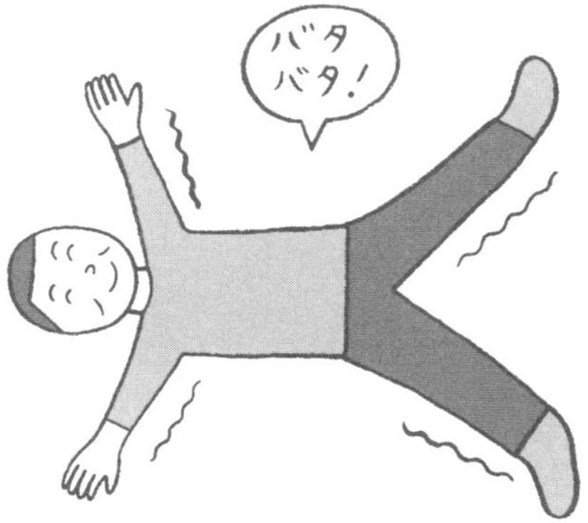

あお向けに大の字に寝る。全身の力を抜いてバタバタさせる。少し休んでまた行なう。

5 2人でパス交換

2人が向かいあい、左右の足を自由に使って、足先でボールをころがして相手に渡す。ボールも大中小といろいろ使うとよい。2人の距離は体力に応じて決める。

6 足の間でボールを転がす

床に腰をおろし、両足を伸ばして左右に開く。足首や足指を使って、両足の間でボールをゴロゴロさせる。両手はしっかりと床につける。

7 縄をまたぐ

2人の職員が3mぐらい離れて、縄を持って座る。縄を床につけて、へびのようにくねくねと小さくゆらす。その上を、縄にあたらないようにももをあげてまたぐ。またぎやすいように、職員は参加者の様子をよく見ながらゆらす。介助者も一緒に行なう（手をつないでもよい）。あわてさせないように注意する。

8 両ひざを左右に倒す

床に腰をおろし、両ひざを立て、左右に足を倒す。両手はしっかりと床につける。

9 正座から体を前に倒す

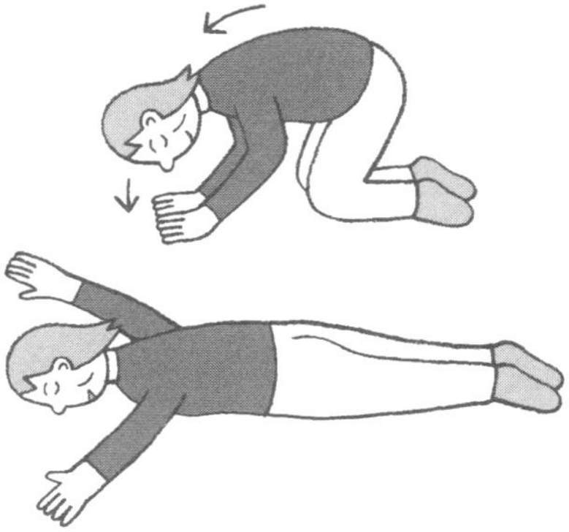

正座の姿勢から、上半身を前に倒す。両手を床につけ、顔もなるべく床につくようにする（1〜5回）。次に両足を伸ばし、うつぶせになる。手は大きく広げる。

10 2人で背中をすり合わせる

2人が背中合わせで腰をおろす。両腕を組んで、両足は軽く曲げる。お互いの背中をすり合わせたり、足を屈伸させる。

11 2人で足裏を刺激する

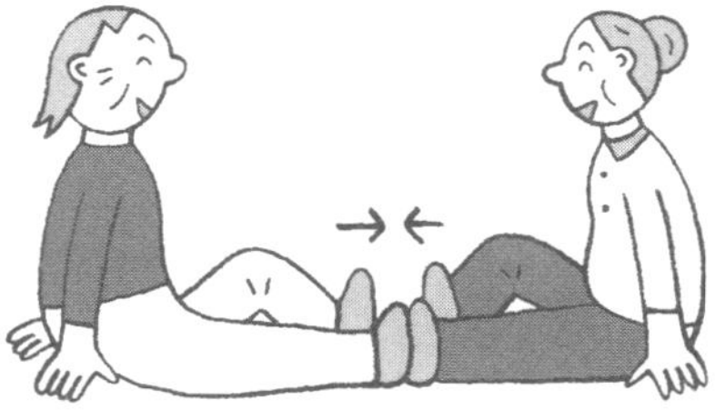

2人が向かい合い、お互いの足の裏がくっつく距離で腰をおろす。足の裏をお互い刺激するようにトントンたたく。曲げた状態から足を伸ばし、足裏をトーンとくっつけあう。

リハビリ体操…3

いろいろな歩き方をする

回数は本人の体調に合わせて行なって下さい。少しずつ、どの種類の歩き方でもいいので、毎日行ないましょう。

1 横歩き

足を交差させながら横歩きをする。または、左足を出したら右足を左足にくっつける、という歩き方でもよい。介助者が手をつなぐか、そばにいるようにする。

2 ジグザグ歩き

介助者と一緒に曲線をゆっくり歩く。カーブのところは転ばないように気をつける。

3 後ろ歩き

後ろ向きでコースの上を歩く。介助者が手をつないだり、そばにいるようにする。休みながらでもよい。

4 障害物を置いて歩く

コースの途中に障害物を置く。またいでもいいし、よけて歩いてもよい。
障害物＝布切れやティッシュの箱など、踏んでも痛くないもの。

リハビリ体操…4

顔の運動

こわばった顔の筋肉をほぐしましょう。舌の動きがよくなると、食事もおいしく食べられますよ。

1 口を大きくあける

大きく口をあけて自分の名前を言う。いろいろなことばを言ってみる。1語1語はっきり、ゆっくりと。

2 表情を変える

怒った顔・困った顔・笑った顔など、いろいろな表情をする。声を出しながら行なう。

3 舌を動かす

口の中で、舌を前に突き出したり、左右に動かす（左右の頬を押し出すように舌で突いてみる）。舌を出し、口の回りをぐるぐる回す。

4 目を動かす

目を左右・上下にグルグル回す。気分が悪くならないように、ゆっくり休みながら行なうこと。

5 頬を動かす

頬を大きくふくらませる（片方ずつでもやってみる）。口をすぼめて頬を引っこめる。頬をふくらませて、指で突っつく。頬をつねったり、たたいたりしてみる。

レクリエーション…1

私の運勢は

ボールをころがして、入ったカゴの中のおみくじが今週の運勢です。テーブルの上をゆっくりころがしましょう。

［用意するもの］

●運勢を書いた紙

●カゴ（カップ、ザルなど）

5～6個

●カラーテープ

［人数］

何人でもよい

［やり方］

テーブルの前に座り、卓の回りに取り付けてあるカゴ（カップ）をねらってボールをゆっくりころがす。ボールが入ったら、介助者がカゴに貼ってある紙のことばを読んであげる。運勢の内容は身近な事がらがよい。また、気分を害しかねない事を書かないように注意する。「～かも」と書いた方がよいかも。

ねらい・ポイント

●ボールをころがす手のテクニックが必要になります。

●ゆっくりとした手の運動ですが、集中力を養えます。

●どこに入るか緊張感を味わう。

●片マヒ・両手マヒの人でも無理せず行なえます。

●ゲームとわかっていても楽しくなります。

ボールが入ったら
紙を立てて見せる。

レクリエーション…2

お隣さんはどなた？

輪になって座り、足または手で隣の人にボールを渡します。手足の運動になるとともに、仲間とのコミュニケーションを図ります。

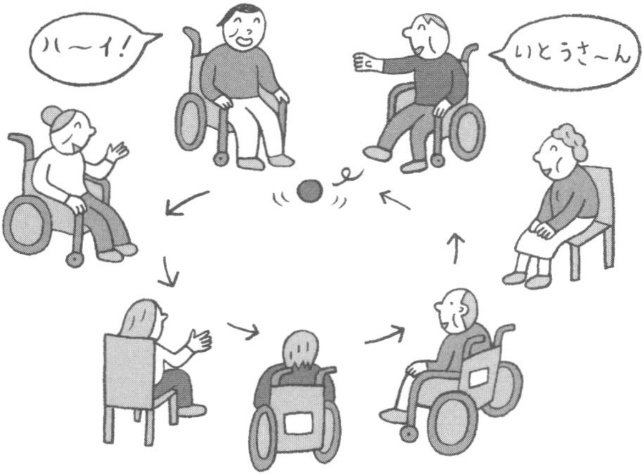

［用意するもの］

●ビーチボール（大）
1個

［人数］

1グループ7〜8人

［やり方］

輪になって椅子に座り、1人（Aさん）の足元にビーチボールを置く。Aさんは隣の人の名前を呼び、顔をじっと見る。呼ばれた人は「ハイ」と返事をする。返事されたら、Aさんはボールをけって隣の人に渡す。同様に次々と隣の人にボールを渡していく（足が不自由な人は手でボールを持ち、相手の方にボールを落として渡す）。ボールが遠くにころがっていったら職員が拾ってあげる。なるべく全員の名前を覚えるようにする。

ねらい・ポイント

●仲間の名前と顔を覚えることができます。
●下肢の筋肉に刺激を与えます。
●反射神経を養えます。

レクリエーション…3

ボールでおはじきしましょ

囲いの中のボールをねらって、おはじきをはじくつもりで球をころがします。集中力を高め、肩と腰の運動になります。

[用意するもの]

●カラーテープ

●ボール10個

●ソフトボール

(人数分)

[人数]

何人でもよい

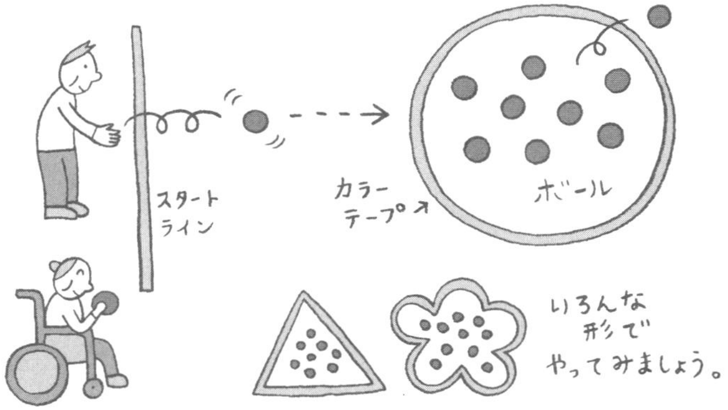

三角などいろいろな形でやってみるのもおもしろい。

[やり方]

ボールを片手または両手で持ち、カラーテープで囲んだ円形の中にある10個のボールに当たるようにころがす。円から出たボールの個数が得点になる。1人2回投げるようにする。腕（手）が不自由な人は、足でけってもよい。また、スタート地点をもう少し近づけて行なう。

ねらい・ポイント

●注意力と投力を養えます。

●ボールを投げる角度や当て方などを工夫する力がつきます。

レクリエーション…4

ダーツゲーム

円形の的に向かってダーツのようにボールを投げます。腕を動かせる範囲に応じて、スタートからの距離を決めましょう。

［用意するもの］

●紙ボール（新聞紙を丸め、カラーテープなどを巻いたもの）人数分

●両面テープ

●カラーテープ

●ダンボールまたはベニヤ板など

［人数］3人で1グループ

的の作り方

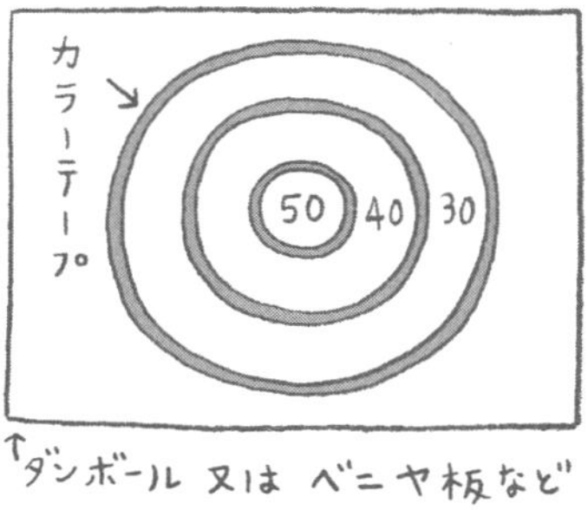

ねらい・ポイント

●仲間意識が生まれ、ゲームを楽しむことができます。

●手首・腕・肩を使う上肢の総合運動です。

●よく準備運動をしましょう（手首・肩回しなど）。

●手が不自由な人や肩の弱い人などは、スタートラインを的に近づけて行ないましょう。

●思わぬ方向に飛んだり当たりそこなったりするので、肩肘をはらずに和んだ雰囲気が出ます。

●的の大きさを工夫してみましょう。

[やり方]

ダンボールなどで大きな的を作り、壁に立てかける。スタートラインを引き、的が正面になるように座る。ボールを手に持ち、肩の高さより少し上から的のまん中をめがけて投げる。手首の使い方が重要になってくる。3人の合計点で、順位を決める。個人戦でやっても楽しめる。

第4章
糖尿病の
リハビリ体操

［糖尿病とは］

血液中の糖分の量は、膵臓から分泌されるインスリンとグルカゴンという2つのホルモンで調節されています。糖尿病は、このインスリンの働きが低下して、糖が利用されないまま尿に糖が出てしまう病気です。

症状としては、のどの渇き、多飲、多尿（回数や量が増える）、急激な痩せ、全身のだるさなどの自覚症状がみられます。

◎糖尿病をおこしやすい環境要因

1. ［過食］どか食い・早食いなどや、お菓子・嗜好品の多食や多飲、外食（気づかないうちに高カロリー）。
2. ［運動不足］身体を動かすことによって筋肉やブドウ糖をたくさん消費しますが、運動不足になると筋肉が衰えてブドウ糖が使われなくなります。
3. ［肥満］過食プラス運動不足の結果。

◎運動することの効果

1. 血行の改善
2. 血圧を下げる
3. ストレスの解消
4. 持久力のアップ

介助する方へ

[運動を実施する時のポイント]

1.日常生活に取り入れられ、手軽にできるような散歩やジョギングなどの全身を使った有酸素運動がいいでしょう。運動は、1回10～30分、週3日以上行なうのが効果的です。

2.必ず医師の指示を受けてから行ないましょう。

3.適度な運動を、楽しみながら長続きするようにしましょう。

長続きするコツは

1.生活の一部として取り入れる

2.1人でできる

3.天気に左右されず、いつでもどこでもできる

強すぎる（無理な）運動は血糖が上がり、心臓への負担がかかって血圧も上昇するため、よくありません。

4.実生活での動作を多く取り入れましょう。

5.運動中に身体のどこかに異変を感じたら中止しましょう。

（めまい・冷や汗・胸に痛みや圧迫感など）

6.運動療法と一緒に食餌療法も行ないましょう。

7.運動にふさわしい服装と靴を着用しましょう。

（底が厚めのウォーキングシューズ）

※経口血糖降下薬やインスリンを使用している人は、食後の運動は禁止です。

リハビリ体操…1

室内での連続体操

雨の日でも室内でもできますので、生活の一部として、できれば毎日でも行なってください。

1 足ぶみをする

ももをあげ、大きく腕を振って、その場で足ぶみをする。

2 しゃがんで立つ

しゃがんで両手も力を抜いて下げる（1～4）。立ち上がりながら両足を大きく開き、両手をバンザイする（5～8）。

3 両腕ブラブラ

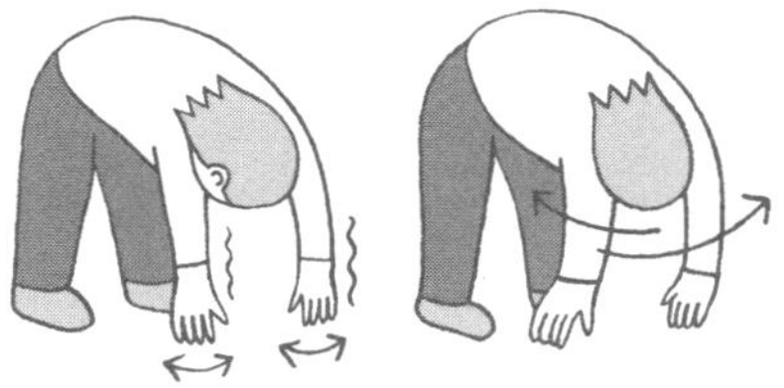

上体を前に倒して頭も下げる。両手の力を抜いてブラブラする（60秒）。また、両腕を左右に大きく振ってみる（左右に8回ずつ）。

4 クロールのように動かす

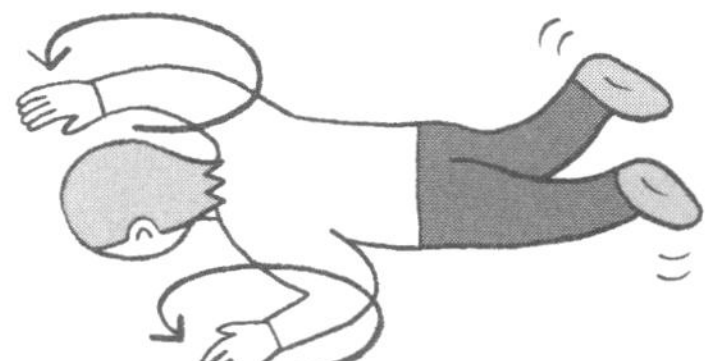

うつぶせになり、クロールのように手足を動かす（腕を10回かく。これを3セット。バタ足は自由に）。

5 自転車をこぐように

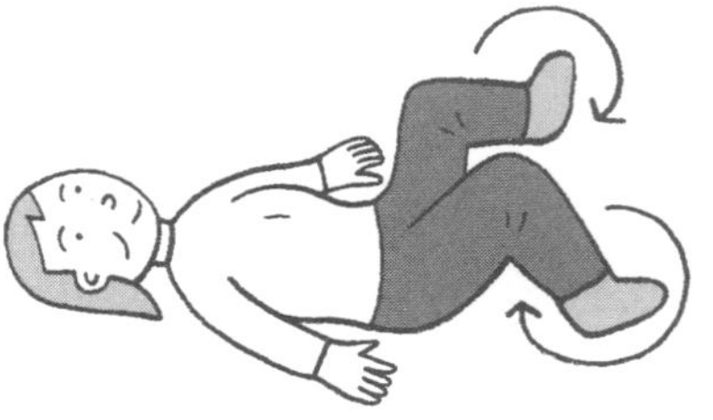

あお向けに寝て、自転車をこぐように足を動かす（20～30回）。

6 ゴロゴロころがる

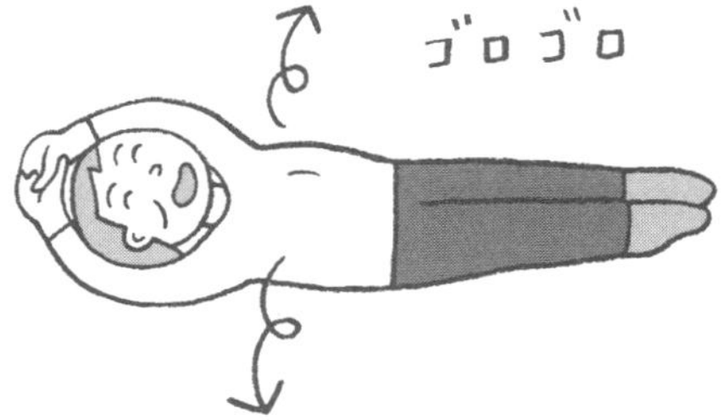

あお向けに寝て全身を伸ばし、頭上で両手を組む。全身を使って、左右にゴロゴロころがる（左右で10回）。

7 座って前屈する

床に腰をおろし、両足をそろえて前に伸ばす。指先をつま先につけるように上体を前に曲げる。できるだけ遠くに指先を伸ばすつもりで（1・2）。ゆっくり上体を起こす（3・4）。8回行なう。

8 なわとびをする

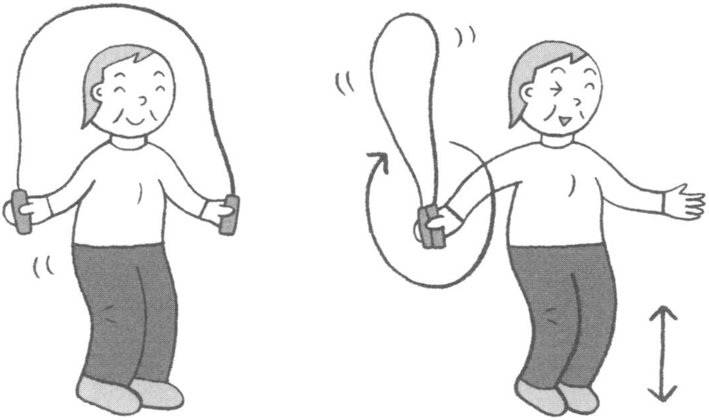

自由になわとびをする。普通のなわとびでもいいし、無理をしないで片手でなわを回しながら軽くとんでもよい。

9 深呼吸

両手をゆっくり上にあげながら、たくさんの息をすいこむ（1〜4）。ゆっくり息をはきながら腕を下ろす（5〜8）。

リハビリ体操…2

屋外での連続体操

天気のよい日は屋外に出て、日光浴をしながら行なうと気持ちよいものです。水分を十分にとり、休みを取り入れましょう。

1 ウォーキング（早足）

大きく腕を振り、足を高くあげて早足で歩く。運動としてのウォーキングなので早足にする。

2 ベンチを利用して前屈

ベンチなどに片足をかけて前屈する。軸足は曲げないで後ろの筋をゆっくり伸ばす。左右交互に3回行なう。

3 小きざみに足ぶみ

その場で小きざみに足ぶみする（20回）。

4 上体を左右に倒す

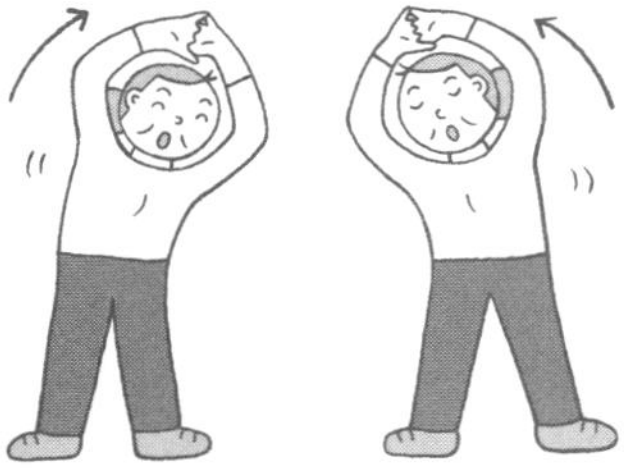

足を肩幅に開き、両手を頭の上で組む。上体をゆっくり左に倒す（1〜4）。次に右に倒す（5〜8）。2回くり返す。

5 ジョギング

20分くらいゆっくりとジョギングする（時間は体調によって決める）。タオルや手ぶくろ（軍手）などを用意するとよい。汗をかいたら水分補給を忘れずに。

6 ひざを曲げて腰をおとす

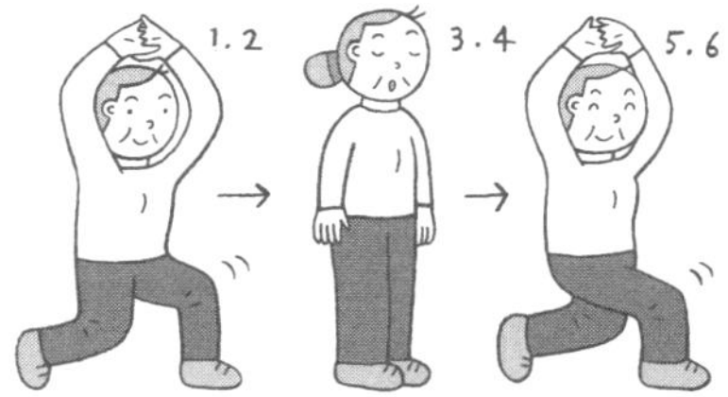

両手を頭上で組み、両足を前後に開いて少し腰をおとす（1・2）。「3・4」でまっすぐ立って手を下ろす。歩きながらゆっくりと、両足交互に行なう。

7 なわとび

なわとびをする。自分の好きなようにいろいろなとび方でとんでみる（20回）。

8 背伸び・脱力

なわとびの後、少し歩く。次に、かかとをあげ、両手を頭上高く組んで背のびをする（1〜10）。肩と腕の力を抜いて脱力する。3回行なう。

9 深呼吸

両手をゆっくり上にあげながらたくさんの息を吸い込む（1〜4）。ゆっくりと息をはきながら腕を下ろす（5〜8）。

リハビリ体操…3

生活体操

毎日の生活の中でちょっとした時間にできる、柔軟体操や筋肉をきたえる運動です。

1 かかとをあげる

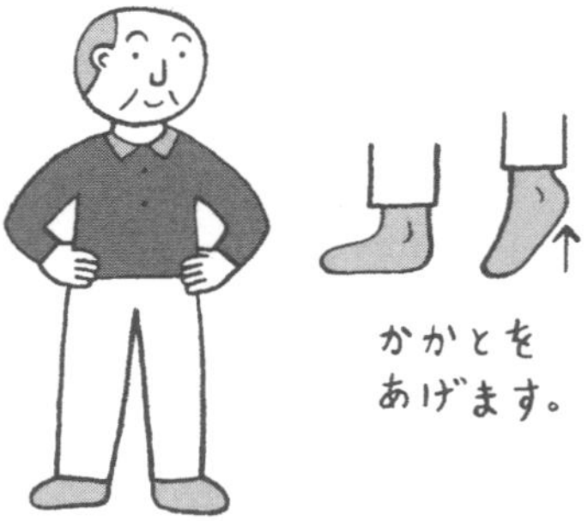

両手を腰に当て、両足のかかとを上下する。「1」でかかとをあげ、「2」で下げる（16回）。

2 ジャンプ

軽くジャンプする。両手は力を抜いてたらす（16回）。

3 しゃがんで立ち上がる

両手を斜め下に向け、両腕をクルクル回しながらひざを軽く曲げ、ゆっくり立ち上がる（1〜10）。

4 体側を伸ばす

パンパンと
2回たたく

両足を肩幅に開いて立つ。片方の手は腰に当て、反対の手は上に伸ばす。上体を横に倒しながら体側を伸ばす（左右交互に行なう）。体側を伸ばした後は脱力（両手をブラブラ）する。

5 両手を組んで伸ばす

両手を組み、背中を丸めるようにして手を前に押し出す（1～4）。次に両手を後ろにまわして組み、胸を反らすように両手を押し出す（5～8）。2回くり返す。

6 強弱をつけて足ぶみ

その場で足ぶみ（20回）→早足ぶみ（20回）→その場で足ぶみ（20回）→早足ぶみ（20回）→休む。

7 アキレス腱と足の甲を伸ばす

両手を腰に当てて足を前後に開く。前の足はひざを曲げ、後ろの足のアキレス腱を伸ばす（1〜8）。次に、前の足はひざを曲げ、後ろの足の甲を床につけるようにして伸ばす（1〜8）。

8 腹筋・背筋運動

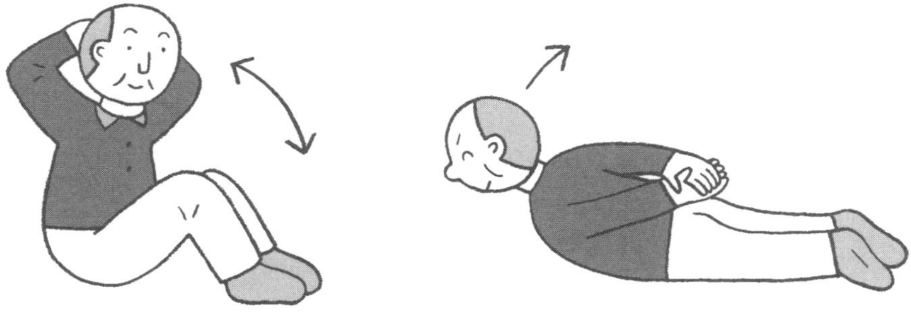

床に腰をおろして両ひざを立て、上体を前に倒す。両手はなるべく頭の後ろで組む（10回くらい）。次に、うつぶせになって両手を背中で組み、上半身をおこす。ゆっくり10回くらい行なう。

9 両腕を左右に大きく振る

足を肩幅に開いて立つ。上体を前に少し曲げ、両手を大きく左右に振る。振り上げた手は頭の後ろの方までもっていく。

10 お尻の筋肉をきたえる

片方の足を後ろに大きく引く（1〜3）。両手はバンザイをする。後ろに伸ばした足は、ひざを曲げないようにして、お尻を意識する。交互に行なう。

11 首を回す

両手を腰に当て、4つ数えながら首をゆっくり回す。右回り・左回り2回ずつ。

12 深呼吸

足を肩幅に開く。両手をゆっくり上にあげながらたくさん息を吸いこみ、胸を反らす（1〜4）。ゆっくりと息をはきながら両手を下ろす（5〜8）。

リハビリ体操…4

リハビリ体操アラカルト

1人または2人でできるいろいろな体操を紹介します。体調や好みによって組み合わせて行なってみてください。

1 体操を取り入れて歩く

時どき体操を取り入れながら歩く（ラジオ体操など、少しずつ分けて行なう)。なるべく早足で歩いてみる。歩きすぎて疲れないように注意する。

2 なわとびを取り入れて歩く

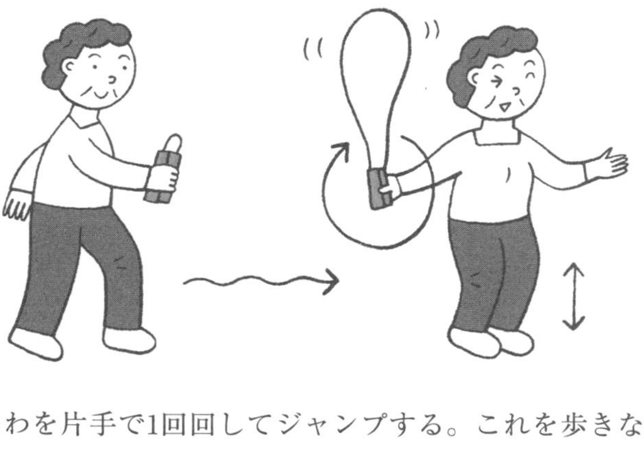

なわとびのなわを片手で1回回してジャンプする。これを歩きながら行なう（10回)。

3 横にケン・パ！

ケン＝足をそろえ、手は体側に。
パ＝両手・両足を開く。
5回くり返す。

4 前後にケン・パ！

ケン＝足をそろえ、手は体側に。
パ＝手と足を前後に開く（右手足＝前。左手足＝後ろ）。
左右交互に5回くり返す。

5 お尻とかかとで前進

床に腰をおろし、足を前に伸ばす。お尻とかかとを使って前に進む。大きく腕を振るようにする。

6 ラケットでボールを打つ

テニスラケットを持ち、2人でボールを打ちあう。近い距離で軽く打つ。

7 バレーボールをする

ビーチボールを使って、2人でバレーボールをする。思いきり背のびをしながらやってみる。

8 足の曲げ伸ばしと腹筋

床に腰をおろし、両手でボールを持つ。片足は伸ばし、もう片方は曲げる。交互に曲げ伸ばしをする。

9 素振りをする

バットを持ち素振りを20回する。慣れたら少しずつ回数を多くしていく。

10 ケンケンをする

タオルを等間隔に置いて片足でケンケンする（左右交互）。両足でとんだり、大股でまたいで歩いてみる。必ず介助者がそばにつくこと。

レクリエーション
レクいろいろ

あそびやゲームの要素を取り入れた運動です。1人でも、また2人やグループでも楽しめます。

1 レッツ・ダンス

みんなで輪になり、フォークダンスをする。いろいろな音楽をかけておどってみる。

2 2人でなわとび＆小走り

Aさんが片手でなわを回しながら小走りでBさんのところへ行く。Bさんになわを渡して、小走りでもとの位置にもどる。次にBさんが片手でなわを回しながら小走りでAさんのところへ行き、Aさんになわを渡して小走りで元の位置にもどる（何回かくり返す）。

3 とび上がって立つ

しゃがんだ状態から、少しとび上がるようにして両足を開き、バンザイして立つ（立ち幅とびの要領）。ゆっくり5回行なう。

4 ネコとネズミ

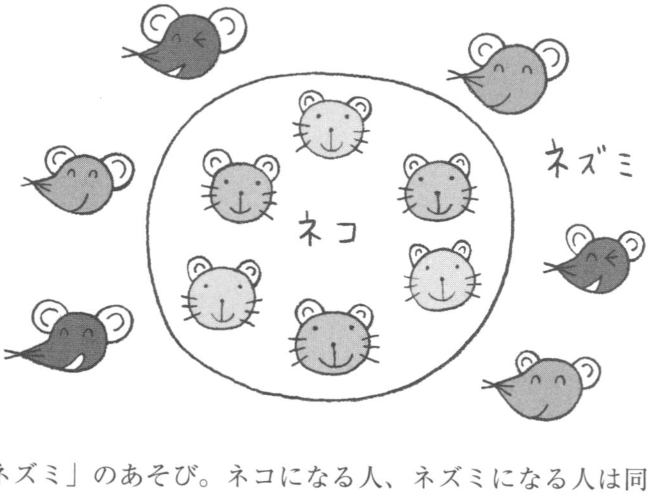

「ネコとネズミ」のあそび。ネコになる人、ネズミになる人は同じ人数にする。時間内にネコの内に入ったネズミ、時間内にネズミの内に入ったネコの人数で競争する。

5 かんたん障害物競走

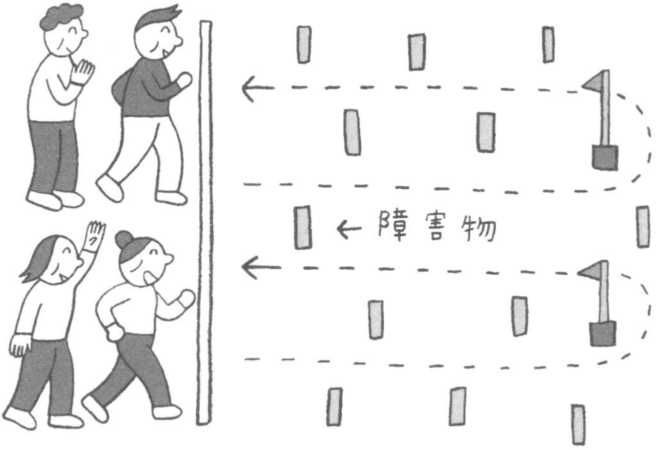

障害物の間をうまく通り抜けながら旗を回ってもとの位置にもどり、次の人にバトンタッチする。

6 フリーダンス

好きな音楽をかけて自由に体を動かしておどる（3分）。

7 ゆったりおどる

ゆったりした曲をかけて、自由に創作しながらヨガのようにゆっくりおどってみる（3～5分）。

第5章
脳梗塞の
リハビリ体操

［脳梗塞とは］

脳梗塞は脳血管障害の1つで、脳の血管がつまったり狭くなったりすることで血液の流れが滞り、血液が行かなくなった組織が死んでしまう病気です。そのため細胞が働き続けることができなくなり、その部位の機能が損なわれてしまいます。その結果、身体にさまざまな異状がおこり、日常生活に不便をきたしてしまうのです。

脳卒中の中でも全体の3分の2を占める脳梗塞は、一度患うと治療が難しい病気といえます。

病気にあらわれる症状としては、
①食事中に箸を落とす
②言葉がでにくい
③片側の手足がしびれる
④物が二重に見える
⑤パピプペポ、ラリルレロがはっきり言えない
⑥目の前が暗くなる
などの前ぶれ現象を伴うことを知っておく必要があります。

症状が重いと、半身マヒや言語障害・痴呆になってしまいます。それだけに急性期（初期）の日常的な我慢強いリハビリが必要になります。手足が動かしにくいからこそ意識的に、少しでも動かす努力をしてもらいたいのです。

また、慢性期の方には、進行を止め、回復をめざした体操を工夫してみました。

✌ 介助する方へ

[脳梗塞を克服するには]

「死の四重奏」と呼ばれる危険因子（高血圧・糖尿病・肥満・高脂血症）の予防が大切です。日常生活を見直しましょう。

1.塩分を減らし、3食きちんととる

脳梗塞の最大の要因である塩分の摂り過ぎを食生活の中で改善しましょう。栄養バランスのよい食事を規則正しくとることが一番大切です。実行しましょう。

2.お酒とタバコ

お酒の飲み過ぎやタバコの吸い過ぎは脳梗塞の誘因となりやすいので、まずは量を減らすことから始めましょう。

3.運動をしましょう

習慣的に身体を動かすことを生活の中に取り入れましょう。「歩く」ことは、全身運動です。日常生活で歩く（散歩する）ことはいつでもできます。体内にたくさんの酸素を取り入れ、体脂肪を適度にもやす「有酸素運動」としては、この「歩く」ことが一番手軽にできます。休みの日などはゴロゴロしないで、外に出て身体を動かしましょう。

4.過労・ストレス

毎日のくらしの中で感じる危険因子を減らすように心がけたいものです。たまには仕事や家事を忘れて、のんびりとリラックスする時間をもつことも大切です。ストレスを発散させ、疲れたら休み、日ごろから無理をしないことです。

前ぶれがあったらすぐ病院に行き、検査しましょう。

リハビリ体操…1

急性期（初期）の体操

肩・ひじ・手首・手指・ひざ・足首などの関節の曲げ伸ばしを介助しながら行ないます（関節が固まってしまわないように）。また、ベッド上で「座る」姿勢を保てるように介助しながら行ないます。

1 腕の上げ下げ

マヒ側の腕を、肩を中心にしてゆっくり上にあげ、ゆっくり下げる。

2 腕の曲げ伸ばし・足首回し

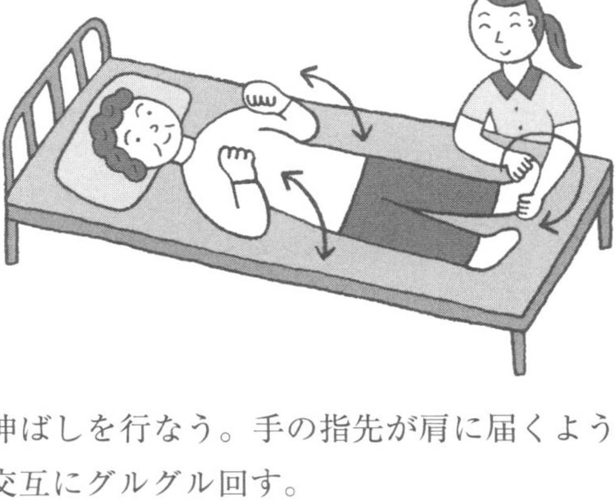

両腕の曲げ伸ばしを行なう。手の指先が肩に届くように何回もくり返す。足首は左右交互にグルグル回す。

3 両手を頭上にあげる

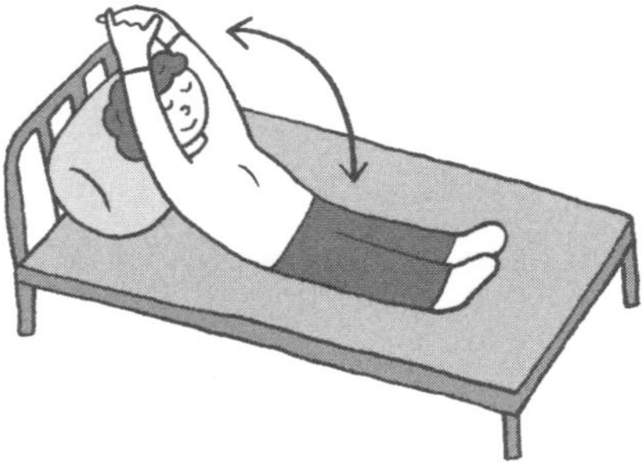

上体を少し起こした状態で両腕を頭上にあげ、手を組む。ゆっくり下ろして、もう1度同じ動作をくり返す。

4 ボールをつかむ

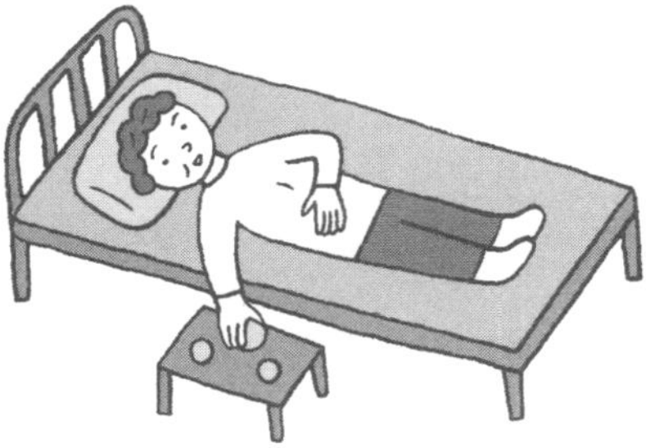

ベッドサイドに置いたボール（ねんど）をマヒした手でつかみ、反対の手に渡す。（片マヒの場合）マヒしていない方の筋肉も落ちないように、同じ運動をする。

5 指をからませて握る

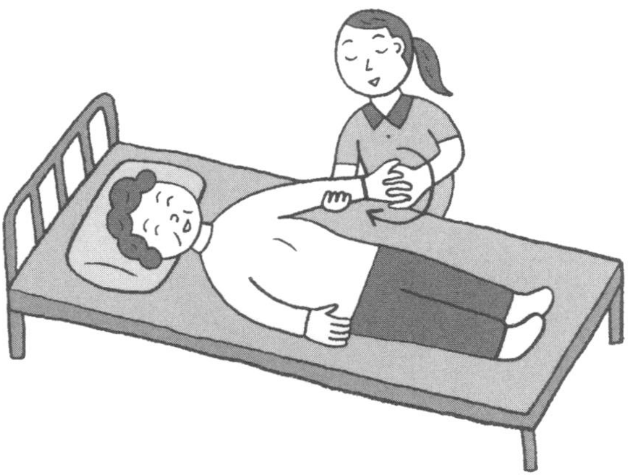

介助者と5本の指をからませ、10数えたら離して、また握りあう。しっかりと指をからませる。からませたまま手首をグルグル回してみる。

6 身体をずらして移動する

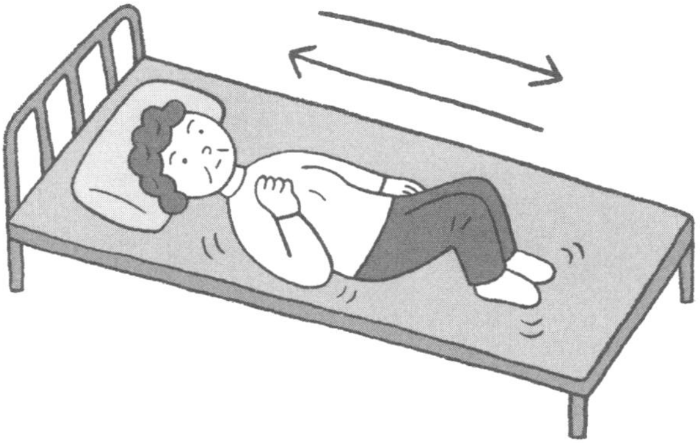

身体の動かせる部位を使いながら、身体を下の方にずらす。少し休んでまた枕の位置までもどる。

7 腕と上半身を動かす

ベッド上に座り、両手を肩幅に開いてタオルの両端を持つ。上半身を右・左・前に向けてゆっくり動かす。次に腕を上下に動かす。肩が疲れたら休む。腕を摩擦してみる。

8 タオルを引っぱりあう

タオルを持ち、両腕を頭上にあげて伸ばす。タオルを力いっぱい引っぱりながら10数える。左右に引きあってみる。

9 タオルをつかむ

タオルをかけた棒を介助者が左右に動かす。移動するタオルを両手または片手でつかむ。

10 ボトルを持ち上げる

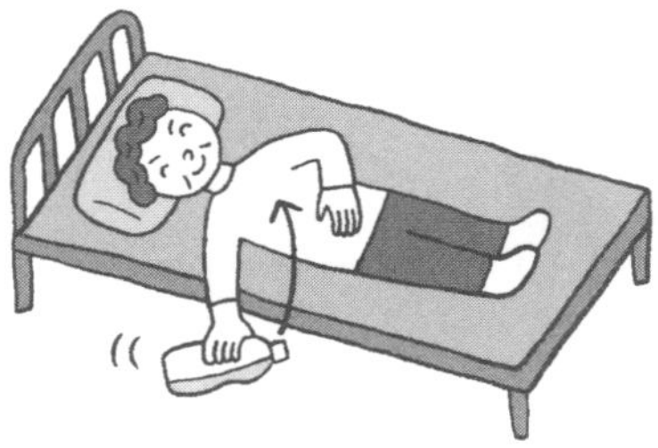

500ミリまたは1リットルのペットボトルに水を入れて持つ。腕を真下にたらし、ベッドサイドの高さまで持ち上げる。片手ずつ行なう。

11 腕をあちこちに伸ばす

腕を体側・真横・胸の前・頭上に伸ばす。手を握ったり開いたりしながら行なう。

12 バランス訓練

ベッドサイドに座り両手をつく。右に左に身体を傾け、体重をかける。しっかり手で支えること（身体を動かすたびに重心が移動するので、そのつどバランスをとらなければ倒れてしまう）。

13 立ち上がる

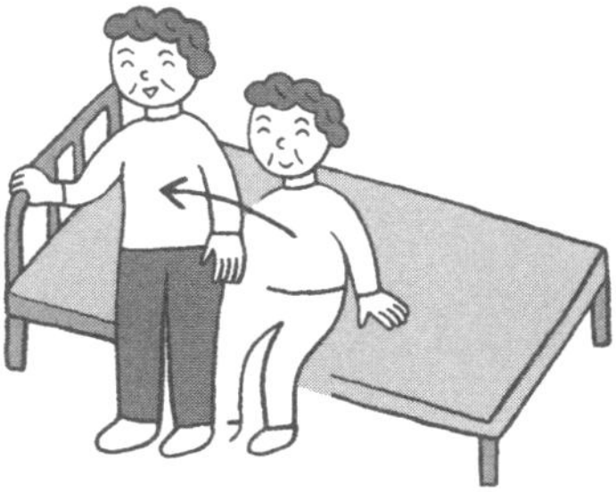

ベッドの背もたれにつかまり、ゆっくり立ち上がる練習をする。焦らないで立ったり座ったりしてみる。

14 ベッドサイドを移動する

ベッドサイドに座り両手をつく。手とお尻を使いながら、ゆっくりベッドサイドを横に移動する。左右に往復してみる。

リハビリ体操…2

慢性期の体操

マヒからの回復を促しながら、今までの日常生活での能力をとりもどすことをめざします。毎日行ないましょう。

1 両腕をグルグル回す

両腕を曲げ、胸の前で両方の握りこぶしを上下回転させるように腕をグルグル回す。外回し・内回しをしてみる。

2 水を注ぐ

家庭でお茶をいれていたのを思い出して、ゆっくりと水をコップに注ぐ。こぼしてもいろいろ言わないようにする。

3 ぞうきんで拭く

ぞうきんで自分のベッドの回りなどを拭く。水ぶきでも空ぶきでもかまわない。腕を前後・左右にゆっくり動かしながらやってみる。

4 両手でジャンケン

自分の両手でジャンケンをする。「右手が必ず勝つようにする」「左手が必ず勝つようにする」などゆっくり考えながら行なう。

5 ハタキをかける

片手にハタキを持ち、ベッド回りなどをきれいに掃除する。左右交互に使って行なう。

6 高さを変えてタオルをつかむ

患者の前に介助者が立ち、タオルを持つ。はじめは患者のおなか辺りの高さにタオルを下げ、片手でタオルを取らせる。タオルの高さを少しずつ高くしていく（無理に高くしない）。左右交互に行なう。

7 ボールをつかんで移動する 1

車椅子に座り、マヒ側の手で皿の上のボールをつかみ、隣の箱の中に移動する。少しずつ個数やボールの大きさを調整していく。

8 ボールをつかんで移動する 2

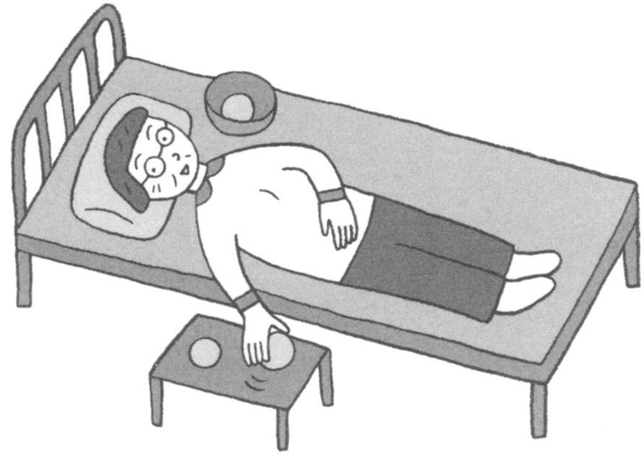

寝た状態で手を伸ばせば届くところにボールを置く。マヒ側の手で1個ずつつかんで、反対の手に渡す。

9 紙を握る・丸める

マヒ側の手を使う。5本の指をゆっくり動かしながら新聞紙をたぐりよせ、小さくくしゃくしゃにする。次にくるくると丸めてみる。マヒの具合によって紙の大きさを決めるようにする（新聞紙半分・B4サイズなど）。また、紙の硬さもはじめはやわらかいものを使う。

10 ザルの上でボールをころがす

片手でボールののったザルを持つ。手首を使ってザルの淵に沿ってボールをころがす。左右交互に行なう。次に両手でザルを持ち、ボールが落ちないように両手首を上手に使ってころがす。

11 足指でザルを回す

足指5本でザル（または紙皿）を押さえ、足首を回すようにしてザルをグルグルまわす。左右交互に行なう。はじめは座って、できるようになったら歩行器につかまり、立って行なう。

12 ボールを移しかえる

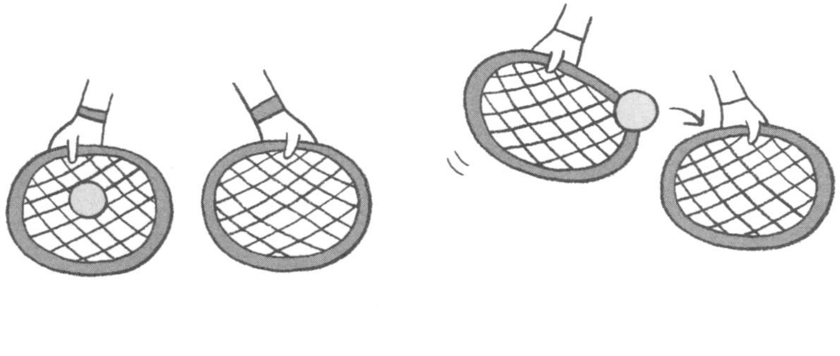

両手に1つずつザルを持ち、片方のザルにボールをのせる。ボールを片方のザルに移す。左右交互に行なう。ザル・紙皿・小皿など、本人がやりやすいものを利用してよい。

13 紙をちぎる

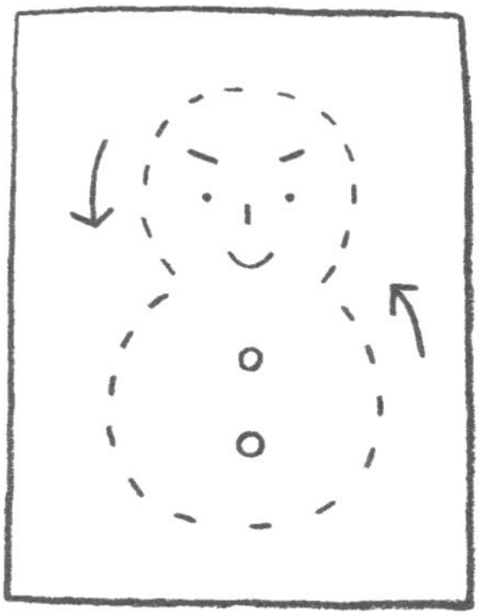

両手を自由に使って、紙をできるだけ小さくちぎる。慣れてきたら、点線で描かれた絵や図形を点線にそって手で切ってみる。

14 紙を折る

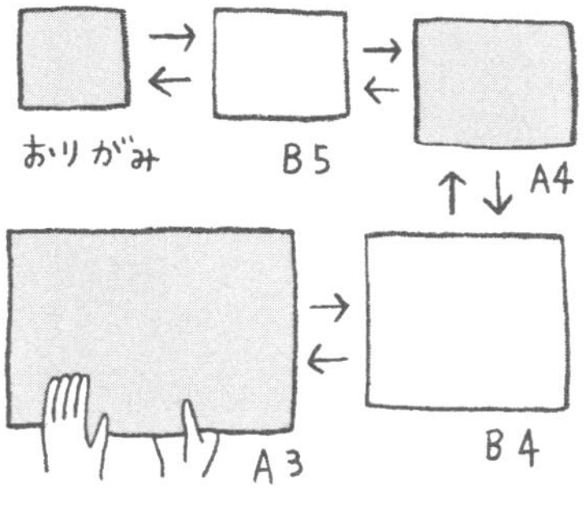

両手を使い、なるべく小さく紙を折っていく。小さい紙から大きい紙へ、逆に大きい紙から小さい紙へ、使う紙の大きさを少しずつ変えながら練習する。

15 ページをめくる

本や冊子を利用して、1枚1枚ページをめくる。上手に指先を動かして行なう。

リハビリ体操…3

日常生活動作の訓練

日常生活の動作が元どおりにできることをめざします。思いどおりにできなくても、毎日根気よく続けましょう。

1 ボタンをかける・はずす

シャツ（上着）のボタンをかけたりはずしたりする。ひざの上、テーブルの上、どちらに置いてやってもよい。できるようになったら、着たり脱いだりしてみる。ゆっくり焦らないで行なう。

2 チャックなどをしめる・はずす

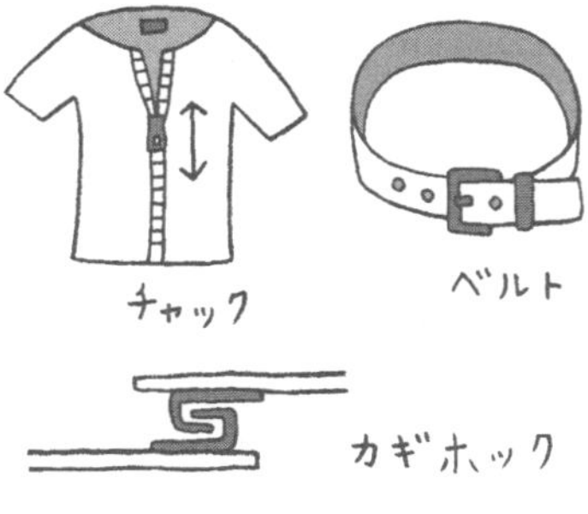

洋服のチャック・ベルト・カギホックなどをしめたりはずしたりする。

3 手袋・靴下に指を通す

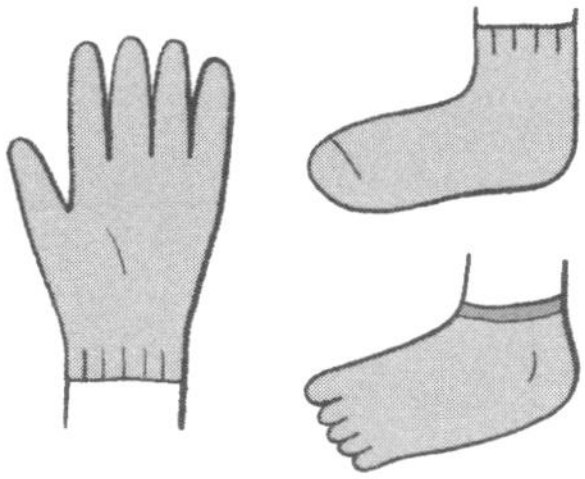

手袋や軍手、ソックスや足袋などに指をきちんと入れる。

4 ヒモなどを結ぶ

ヒモやリボンを蝶結び・固結びで結ぶ。マフラーやスカーフを身に付けて結んでみる。

5 服を着る

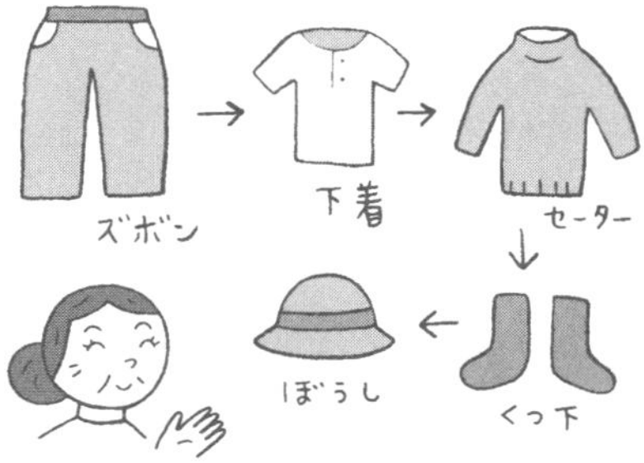

自分の服を順番に着てみる。ボタン・チャックなど、ゆっくりあわてずに正確に行なう。できたら、今度は脱いでみる。

6 野菜を切る

包丁で野菜を大きめの乱切りにする。くだものなどの皮をむいてみる。少しずつ毎日行なう。

7 洗顔・歯みがき

洗面器に水を入れて、または水道から直接水をすくって顔を洗う。歯みがきをする。

8 歩行訓練 1

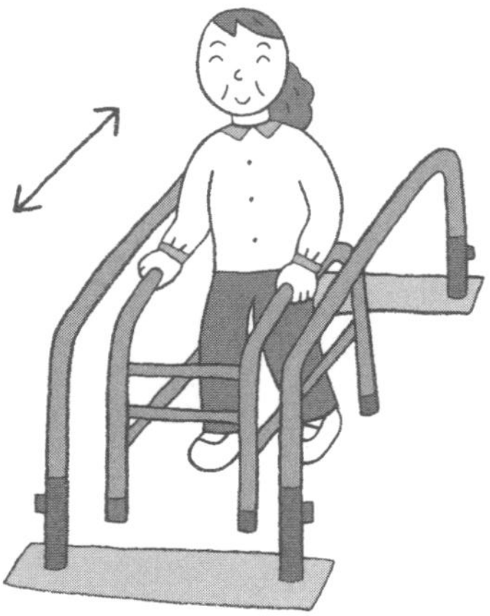

平行棒の内側を、歩行器を使って歩く。行ったり来たりしてみる。

9 歩行訓練 2

平行棒をしっかりつかみ、平行棒の間を歩く。ゆっくりと足に体重をかけて歩くようにする。

10 歩行訓練 3

車椅子の後ろに立ち、車椅子を押しながら歩く。必ず介助者がつく。

編著者紹介

●

原田律子（はらだりつこ）

福岡県生まれ。日本女子体育大学体育学部卒業。
中学校1級、高校2級保健体育教諭教員免許、スポーツテスト判定員（日本体育協会）、
応急手当普及員（東京消防庁）、日本陸上競技連盟A級公認審判員。
現在、日本福祉教育専門学校で、体育理論と実技を教えている。

著書

『リハビリを学ぶあなたへ』（教育史料出版会）
『高齢者のレクリエーション＆健康ゲーム』
『高齢者の手あそび・指あそび＆足体操』
『高齢者も楽しい 車椅子でできる健康体操＆レク』（以上、いかだ社）

イラストレーション●はやしゆうこ
ブックデザイン●エクリル・シス

高齢者の疾病別リハビリ体操
骨粗しょう症・関節リウマチ・パーキンソン氏病・糖尿病・脳梗塞

2005年8月8日　第1刷発行

編著者●原田律子 ©
発行人●新沼光太郎
発行所●株式会社いかだ社
〒102-0072 東京都千代田区飯田橋2-4-10加島ビル
TEL 03-3234-5365　FAX 03-3234-5308
振替・00130-2-572993
印刷・製本　株式会社ミツワ

乱丁・落丁の場合はお取り換えいたします。
ISBN4-87051-172-X